社会科日本史でやってみよう

部落問題学習の授業ネタ ②

部落問題学習ネタつくろう会 編
中尾健次 星野勇悟・監修

解放出版社

はじめに──この本を活用してくださるみなさんへ

● いま、部落問題学習を行うにあたって

　部落問題に関しての研修会で被差別当事者の話を聞いた後、「はじめて部落の人と出会った」「はじめて部落の人の話を聞いた」という感想を聞くことがあります。
　それはちがうと思うのです。いままでもおそらく、そばにいたはずです。いたのにいなかったことになっているのです。

● 自分が、部落問題学習を行うにあたって

　また、「いくらでも出会い直しができるのでもう少し軽い気持ちで部落問題学習をやりたいと思います」という人もいます。
　それもちがうと思うのです。部落（の人）、部落問題との出会い直しは、人それぞれにあると思います。ただ、その出会い直しの保障まで教職員はできないのではないでしょうか。重い気持ちで身構えてやるのではなく、まずやってみようという一歩をふみ出すことは大切です。しかし、「後に出会い直した時に考えればいい」というのではなく、せっかく学習するのですから、まず部落（の人）、部落問題といい出会いをしてもらいたいと思うのです。そのために、まずは私たち教職員自身が部落問題と正面から向き合うことから始めましょう。そして私たちの中にある部落問題を子どもたちに差し出しましょう。きっといっしょに考える子どもたちがそこにいるはずです。そうすれば出会い直しの時に、おかしいことをおかしいと言える（行動できる）人に育っていくと思うのです。

● ここで、部落問題学習を行うにあたって

　いざ授業をするとなると「指導する自分たちがしっかり勉強しなければ」「何を伝えたいのかはっきり持っておかねば」「勇気がいる」という声を聞きます。
　昔話や遠いところの話にしてしまって、他人事で終わらせないためにも、ここにある差別に気づかせていかなければならないと思います。
　被差別部落民、被差別部落出身者、被差別部落という土地は、部落差別をする者が差別することによって「被差別」となるわけであって、部落差別をする者が「みなす」ことによって実体化させているのです。その人、その土地は、そもそも差別される人・土地ではありません。
　「みなす」ことによって起こる差別ですから、部落差別をする側、される側といった単純に二分化して考える問題ではなく、誰もがする側になり得る、つまり「ここにある」問題、一人ひとりに関係している問題なのです。
　部落問題というのは、**いま・自分が・ここで**考える問題だと思います。
　部落問題学習をするということは、自分が迫られるということです。自分の価値観、差別性、子どもたちの関係を問うことにもなります。
　ここに日本史での部落問題学習のネタ26本を提供します。
　子どもの実態に応じてアレンジしてください。そして、自分を見つめる作業を各々でぜひやってください。部落問題学習に取り組みながら、子どもたちといっしょに教職員仲間といっしょに、自分を見つめるきっかけになればうれしいです。
　差別したらだめだとか差別を許さないという感想文を書かせるためではなく、子どもも教職員も自分を見つめ、自分の価値観や差別性を問う学習をすることで、部落差別をはじめあらゆる差別をなくすための学習にしていただきたいと思います。そして何よりも、実践される方々自身が解放されることを願ってやみません。

もくじ

はじめに──この本を活用してくださるみなさんへ ──── 3

発刊にあたって　中尾健次 ──────────────── 6
復刻にあたって　星野勇悟 ──────────────── 8

古　代

01【大むかし】
大昔の人をなめたらあかん　～火起こし～ ──────── 10

02【弥生時代】
日本に「王」がいた！　～邪馬台国の身分～ ─────── 14

03【古墳時代】
古墳の謎にせまる！　～古墳時代の人びと～ ─────── 20

04【奈良時代】
でっかい大仏を描こうや!!　～奈良の大仏～ ─────── 23

05【平安時代】
美人はつらいよ　～平安時代の美人の条件とは～ ───── 30

06【平安時代】
"気枯れ" から "穢れ" へ　～平安のケガレ～ ──────── 36

07【平安時代】
なぜ伸びた？　日本人の平均身長　～平安の肉食・近代の肉食～ ── 42

中　世

08【鎌倉時代】
"神の国 日本" に "神風" は吹いたか!?　～元寇～ ──── 48

09【室町時代】
「もののけ姫」から見える中世の民衆　～中世被差別民衆の姿～ ── 58

10【室町時代】
見事な庭園──慈照寺銀閣　～中世の文化と被差別民衆～ ── 62

11【室町時代】
ずるがしこい一寸法師　～中世の文化・お伽草子～ ───── 67

12【戦国時代】
情報戦──秀吉の天下統一　～本能寺の変～ ─────── 70

13【戦国時代】
耳塚　～秀吉の朝鮮出兵～ ──────────────── 73

近世

- ⑭【江戸時代】
  城下町に見える身分制度　〜いくさと城下町〜　　78
- ⑮【江戸時代】
  ここが変だよ！　大名行列　〜参勤交代〜　　87
- ⑯【江戸時代】
  人体の不思議　〜解体新書ができるまで〜　　91
- ⑰【江戸時代】
  ウナギの災難──土用の丑　〜平賀源内と六曜〜　　109
- ⑱【江戸時代】
  参加したのはどんな人たち？　〜大塩の乱〜　　115
- ⑲【江戸時代】
  "百姓と同じ"を求めて　〜渋染一揆〜　　120
- ⑳【江戸時代】
  人の増え続けた村がある　〜近世部落における人口の変化〜　　127

近・現代

- ㉑【明治時代】
  すゝめられても学ばれへんがな　〜福沢諭吉〜　　134
- ㉒【明治時代】
  賤称廃止令はだれのもの？　〜「解放令」（1871年 太政官布告）〜　　140
- ㉓【明治時代】
  あなたならどうする？　丑松になって考えよう　〜小説『破戒』〜　　150
- ㉔【大正時代】
  人の世に熱あれ！！　〜全国水平社〜　　154
- ㉕【現代】
  教科書タダへの道　〜教科書無償化〜　　164
- ㉖【現代】
  STOP THE 就職差別　〜統一応募用紙〜　　172

教科書で部落問題学習を！　〜教科書記述の変遷と部落起源〜　中尾健次 ── 176

おわりに ──────────────────────── 183

発刊にあたって

中尾 健次

　大阪の大東市人権教育研究協議会（大東市人研）の全面的な協力を得て、部落問題学習ネタつくろう会の部落史教材集が完成しました。一番油の乗りきった、30代の教職員が中心となって作成したもので、2007年現在では、まず"究極"の部落史教材集と言えるのではないかと思います。

　「解体新書」「渋染一揆」という2つのテーマに限定すれば、泉南市教育委員会の部落問題学習教材づくりプロジェクトが作成した『人権教育教材シリーズ①　わたしからはじめる人権のまちづくり』がよくまとまっています。そのうえで、この部落問題学習ネタつくろう会の部落史教材集を"究極"と評価する一つの理由は、古代から現代までの日本史の流れに即して、26の授業ネタが紹介され、そのそれぞれに指導計画や資料がくわしく提示されているところにあります。

　この26の授業ネタには、1960年代以降の「民衆史」の成果が、みごとに活かされています。1970年前後は、文字通り「民衆史」花盛りの時代でした。百姓一揆や豪農の研究が一世を風靡し、民衆宗教の研究もあり、民俗学の成果を積極的に取り入れようとしたのも、この時代でした。その影響もあってか、当時の教科書には、農民を中心に、民衆の暮らしがかなりくわしく描かれていたのです。現在の教科書を見ると、隔世の感があります。国の教育政策が変化したわけです。とくに1989年の指導要領改訂は、その節目となりました。ごくおおまかに言えば、「民衆史」から「政治史」への変化といってもいいでしょうか。こうした変化は、かえって"歴史嫌い"の子どもを増やすように思います。自分たちと同じ存在、いわば共感できる存在があって、はじめて歴史は他人ごとではなくなります。「民衆史」の視点があれば、もっと興味深く、歴史を子どもたちにも伝えることができるのにと思います。

　ところで、社会科の教科書に部落史が登場するのは、中学校では1972年、小学校は1975年でした。これが、部落問題学習を全国的に広げるきっかけとなったのですが、その中身は、最初とても貧弱でした。

　たとえば、1975年段階でのA社の小学校6年用教科書には、「幕府は、また農工商の下に、さらにいちだんと低い身分をおきました。農工商より、さらに低い身分とされた人びとは、住む土地もかぎられていて、田畑を持つものもごくわずかで、その暮らしはみじめでした」と記されています。のちに、部落の「悲惨史観」「貧困史観」と批判されることになる記述が、まず最初に登場してくるわけです。

　A社の教科書は、部落史研究の到達点を、かなり早く紹介しており、部落史の記述に関しては定評のある教科書なのですが、それでも、1970年当時の部落史研究を反映して、かなりはっきりした「悲惨史観」「貧困史観」が表れています。

こうした"部落イコール貧困"のイメージは、それまで実際の部落を知らない教職員や子どもたちに、部落に「貧しい人ばかりが集まった地域」という偏見を与え、"衣食足って礼節を知る"の逆に、部落イコール"衣食足らざるがゆえに礼節を知らず"という、さらなる偏見を作り上げてしまったように思います。

　こうした教科書の記述は、それからのちの部落史研究の成果を踏まえてかなり修正され、1992年には、「きびしい差別の中で、農業をはじめ、さまざまな仕事について、社会をささえました」（これもＡ社の場合）となり、1995年には、「差別にたえながら、荒れ地を耕して農業を営み、人びとのくらしに必要な生活用具を作ったり、伝統的な芸能を伝えたりして、日本の社会や文化をささえていきました」と、さらに変わっていきます。

　そしてこの時期は、教科書から民衆史の記述が少なくなった時期と、ほぼ重なっているのです。もし、民衆史の記述がそのまま残り、そこに1990年代の部落史の記述が結びつけば、画期的な部落史学習が展開されたにちがいありません。

　話がだいぶ横道にそれてしまいましたが、部落問題学習ネタつくろう会のこの部落史教材集には、民衆史と部落史研究の到達点が、みごとに反映されているのです。"究極"と評するもう一つの理由がここにあります。この教材集は、おそらく多くの子どもたちに、歴史のおもしろさを教えることになるでしょう。さらに、ところどころに挿入されたコラムなどは、「読める教材」としても活用できるように思います。

　この部落史教材集が、多くの人びとに読まれ、活用されることを願っています。そして、教職員も子どもたちも、部落史をはじめ、日本史に対する興味関心を、さらにふくらませていただきたいと思います。

復刻にあたって

星野勇悟

「部落問題学習の授業実践をしている星野さんは、わからないことや気づいたことがあるとぼくにその都度尋ねてくるよね。ぼくもその都度答えている。ぼくは、部落史研究の最先端を現場に提供したい。星野さんは、現場に部落史研究の最先端を注入したがっている。お互いのフィールドでいいものを創ろう。部落差別をなくすために」

1990年代前半、中尾健次さんからよく言われていたことです。

若手教職員を中心にともに授業を創り続け、検証を繰り返し、部落問題学習の実践を積み上げていきました。十数年の時を費やして発刊したのが、本書の前身である2007年発刊のうす紫色の『部落問題学習の授業ネタ～社会科日本史でやってみよう』でした。多額の借金をして自費出版した書籍でしたので、数千冊が世に出回ったところで在庫切れとなりました。それでも増刷を希望する声が止むことはありませんでした。うれしい話ではありますが、それだけ部落差別が残っていて、部落問題学習を実践しなければならない状況があるということです。

2012年、中尾健次さんが急逝されました。直前の学習会で部落問題学習の展望について語り合っていたので、ぼくにとっては大きな失望でした。今回の復刻を中尾健次さんはどのように見ているのでしょうか。

本書は社会科日本史を切り口に部落問題学習のネタを盛り込んでいます。部落史学習ではなく、部落問題学習です。入り口を日本史、出口を身のまわりの行動化にしようとした授業ネタです。ぜひご自身でアレンジして、部落問題のおかしさに気づき、「それって、おかしいよ」と言える人を一人でも多く増やしていただけたならと願っています。

子どもが「差別はなくせる」ということを実感できるようにするためには、大人が社会のなかで示していかなければなりません。以前は公共交通機関で吸うことのできたタバコは、今では吸えなくなりました。みんなが意識を変えることで、世の中を変えることができます。人が行うものは、人によって変えることができるのです。差別は人間に備わった本能だと言う人がいますが、それは違うと思います。差別は、人によってなくすことができるのです。

そして、差別をなくすことのできる絶好の場所が教育現場です。学校の先生は、「差別をなくすことのできるお仕事」をしているのです。

さぁ、いっしょにやってみましょう。

年度はじめ、まずは歴史に興味をもたせることが大切。集団づくりのネタと、体験して感じられるネタをちりばめました。
権力・身分・ケガレについて考え、自分とまわりとの関係を見つめる。
そのような授業にしたいものです。

01 大昔の人を なめたらあかん
～火起こし～

大むかし ~OHMUKASHI~

迫りたいテーマ

集団づくりと火を大切にした気持ち

ねらい

①友だちと力を合わせ火を起こす作業を通して、関わりを持ち、ともにやり遂げる実感を持つ。
②苦労して起こした火の大切さに気づく（部落差別の具体的事象である「別火（べっか）」の差別性を考えることにつなげる可能性もある）。

授業の流れ

時間	学習活動	予想される子どもの反応	留意点・準備物
0分	○教科書の大昔の人の暮らしの絵を見て気づいたことを探そう。	○魚をとってる。 ○木の実をとってる。 ○狩りをしてる。 ○煙が上がってる。	
5分	○火はどうやって起こしたんだろう。	○石どうしをぶつけて火花から火を起こす。 ○木をこすり合わせる。	○火打石があれば、やってみる。火打石では炎にできないことを知る。
10分	○実際にやってみよう。	○どうやってやったらいいかわからない。	○2mの紐、1mの棒、木の板だけ渡してまずは自分たちでやらせる。 ○火起こしは「舞錐式（まいぎりしき）」ではなく「紐錐式（ひもぎりしき）」で行う。「舞錐式」だと一人で火が起こせてしまう。 ○4人一組で作業する。棒を木の板にこすり合わせる子がいるが、いくらやっても火が付かない。しかし棒の

時間	学習活動	予想される子どもの反応	留意点・準備物
			先が熱くなることに気づかせる。
		○棒の先を一点に固定できたらいいんじゃないか。	○板に少しくぼみをつけることに気づかせる。
		○紐を棒に巻きつけて引っ張り合えばいいんじゃないか。	○紐を活用することに気づかせる。
		○棒の回転が安定しない。	
			○ジュース瓶で棒の端を固定するように提案する。
		○煙が出てきた。	○煙は上がっても火種はなかなかできない。くぼみの一部を鋭角に切り込んで、火種をつくりやすくする。
		○木屑がたまってきた。	○取り組み始めから火種ができるまで2時間くらい要する。
		○煙がもくもくだ。	
		○火種ができた。	○火種を使って炎にし、鹿の肉や木の実などを焼いて食べると、大昔の雰囲気が味わえる。
90分			

古代 〜kodai〜

 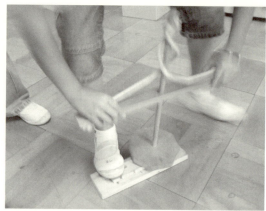

舞錐式の火起こし器　子どもでも一人で火を起こせる

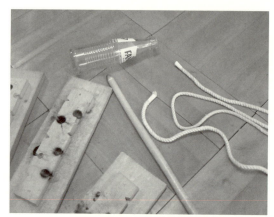 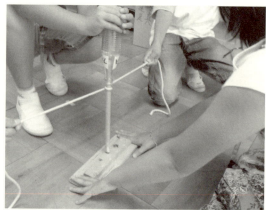

紐錐式の火起こし器　4人で力を合わせなければ火種はできない

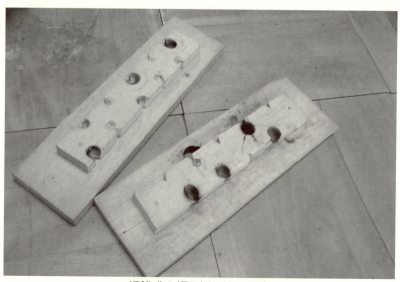

紐錐式の板の切り込み具合

ボイス

- 火起こしは3～5人グループでやることで、必ずそれぞれの子に役割があるようにするのがポイントです。
- やっているうちに棒の先が熱くなったり煙が出てくるので、子どもたちは夢中になります。交代しながらやらないと火種もできないので、息のあった協力が必要となります。
- 火種は長持ちしないので、火種ができてから炎にするためには、前もってたっぷりのモグサを用意しておきたいです。火種をモグサに移したら、ほぐした麻紐で包み、息をフーッと吹きかけると炎になります。
- 一度火種をつくれば要領をおぼえて、次々と火を起こすグループが出てきます。風通しのないところでやったほうがいいですが、室内でやる場合は煙探知機が作動することもあるので注意しましょう。
- 火の起きやすい木材とそうでないものがあります。ホームセンターで購入していろいろ試してもらいたいです。こすり合わせたときに木くずが出やすいもののほうがいいです。棒の太さは太くても1センチ程度です。
- 紐は綿紐がいいです。化学繊維が入っているとすべって棒が回転しません。紐の長さは1.5メートルくらいが適当です。
- 棒をおさえるビンは口の細いものがいいです。ビンの底が薄いと火起こしの途中で割れることがあるので注意しましょう。またビンも熱くなるので、タオルや雑巾などの布でおさえるほうがいいです。

02 日本に「王」がいた！

弥生時代 ～YAYOI～

～邪馬台国の身分～

迫りたいテーマ

『魏志』倭人伝などの中国の歴史書に書かれている当時の日本の様子をとおして、米作りなどによる当時の人々の生活の変化、富やたくわえを求めての戦い、身分の違いの発生、クニを束ねる支配者（王）の誕生について

ねらい

①富やたくわえを求めて、各地で戦いが起こり、身分の違いができたことを知る。
②「ムラ」から「クニ」へと変わっていく社会の変化と、支配の様子について知る。

授業の流れ

時間	学習活動	予想される子どもの反応	留意点・準備物
0分	○縄文時代についてです。この数字は、何を表しているでしょう。	○男（女）の人の数。 ○こどもの数。 ○病気で死んだ人の数。	○「44％」の札を黒板に貼る。
	○これは縄文時代での、虫歯がある人の割合です。	○昔からあった。 ○けっこう多い。	○遺骨からの推定であることをおさえる。
	○弥生時代に入ると、この数字はどうなったでしょう。	○増えた。 ○減った。	○理由は聞かず、手を挙げさせるだけにしておく。
	○実は、こうなりました。	○やっぱり！	○「83％」の札を黒板に貼る。
10分	○なぜ、弥生時代に入ると、虫歯がある人の割合が増えたのでしょう。	○甘いものが増えたから。 ○米を食べるようになったから。	○前時の学習をふりかえさせる。
	○米づくりがさかんになって、平均身長がぐんぐん伸びた時代を迎えるのです。	○身長も高かった。	○平均で、男性163.0cm、女性151.5cmだったことをおさえる。
	○当時の遺跡の資料を見て、班で気づいたことを出し合	○床が高い。 ○周りに柵がある。	○**資料①**を配る。 ○写真を黒板に貼る。

日本に「王」がいた！〜邪馬台国の身分〜

時間	学 習 活 動	予想される子どもの反応	留意点・準備物
20分	いましょう。 ○発表してください。 ○豊かになったこの時代に、なぜ、堀や柵、櫓などがつくられたのでしょう。 ○この時代に、土地や水をめぐって、各地で戦いが繰り広げられていたのです。また、他のムラの収穫物を奪うこともあったのです。 ○自分たちのムラを守るために、指導力のあるものをリーダーに選んでいきます。次第に、ムラの中に、技術やたくわえの差によって、身分の違いが広がっていきます。ムラ同士の戦いを経て、大きな領土を持つクニがつくられていったのです。	○絵が描いてある。 ○首がない……。 ○1つめは……。 ○他の動物を中に入れないため。 ○敵から守るため。 ○それまでは、戦いはなかったかな。 ○戦国時代みたい。 ○ノートにまとめる。	 ○いろんなことを出させる。 ○理由もあわせて答えさせる。 ○それまでは、みんなが食べ物を平等に分け合っていたことをおさえる。 ○板書し、ノートにまとめさせる。
30分	○中国の歴史書『魏志』に、当時の日本の様子がこのように書かれています。 ○卑弥呼について、どんなことが書いてありましたか。 ○王以外の人々について、どんなことが書いてありましたか。	○資料を読む。 ○女王だった。 ○鬼道ってなんだろう。 ○千人ってすごい数。 ○刺青していた。 ○身分の違いがある、って書いてある。	○**資料②**を配る。 ○資料から見つけさせる。 ○板書し、ノートにまとめさせる。
40分	○卑弥呼や邪馬台国については、まだまだ謎がたくさんあります。そのほうが、ワクワクしますね。今日の感想を書きましょう。	○ノートに感想を書く。	○身分の違いができたことについて書けているかみる。

古　代　〜Kodai〜

「ムラ」から「クニ」へ

○遺跡から
・床が高い　・狩り（動物・弓矢）
・ほり、さく、やぐら
・首がない人骨 ＞戦いがあった

○ムラ同士の戦いがはじまる
・ムラのリーダー
・富やたくわえのとりあい ＞身分の違い

○邪馬台国の女王、卑弥呼
・占いでの政治、多くのめしつかい、外国とのつながり

写真：吉野ヶ里歴史公園
陳寿『三国志』より「魏書 東夷伝 倭人条」

参考にしたサイト

吉野ヶ里歴史公園
http://www.yoshinogari.jp/

裏辺研究所
http://www.uraken.net/rekishi/reki-jp03.html

資料①

名前 _____

資料を見て、気づいたことを3つ書きましょう。（佐賀県・吉野ヶ里歴史公園）

1. _____

2. _____

3. _____

名前 _____

『魏志』倭人伝より （写真：佐賀県・吉野ヶ里歴史公園）

倭人在帯方東南大海之中依山爲國邑舊百餘國

　倭人は、帯方郡の東南の大海の中にいる。山の多い島で、国や村で成り立っていて、もとは百余りの国があった。

男子無大小皆黥面文身各異或左或右或大或小尊有差皆徒跣有屋室父母兄弟臥息異處食飲用邊豆手食下戸與大人相逢道路逡巡入草傳辭説事或跪兩手據地爲之恭敬對應聲曰噫比如然諾

　男は、大人も子どもも、みんな顔にいれずみをして体に文字を書いている。身分によっても、左に右に大きく小さくと差がある。みんな裸足である。家には部屋があり、父母、兄弟、別々に寝る。食事は竹の器を使い、手で食べる。身分の低い者が、身分の高い人と道で出会うと、ためらいがちに草むらに入る。何かを話したり、説明したりする時は両手を地に付けてひれ伏せる。これを、尊敬の態度としている。返事をする時は「おお」という。それは同意したということのようだ。

其國本亦以男子爲王住七八十年倭國相攻伐曆年及共立一女子爲王名曰彌呼事鬼道能惑衆年已長大無夫壻有男弟佐治國自爲王以來少有見者以婢千人自侍唯有男子一人給飲食傳辭出入居處宮室樓觀城柵嚴設常有人持平守衞

　その国はもともと男子を王としていた。七・八十年前、倭国は乱れ、何年もの間攻撃しあっていた。そこで、国々は協議して一人の女子を王にした。名前を卑弥呼という。鬼道を行って良く人々を惑わせた。歳はすでに長大であるが、夫や婿はいない。弟がいて政治を助けている。卑弥呼が王になってから、卑弥呼を見たものはいない。千人ぐらいの召使が身の回りの世話をしている。男一人が、食事を差し入れたり、命令を伝えたりするために、出入りを許されている。宮殿には楼閣や、城柵などが厳重につくってあり、警備兵が常に武器を持ち守衛している。

日本に「王」がいた！〜邪馬台国の身分〜

ボイス

● 実際に吉野ヶ里遺跡に行ったときに、その規模の大きさにびっくりしました。そして、その堀や柵のつくられかたを見て、改めて「これは他の動物から村を守るためのものではない！」と実感しました。そうです。人と人との争いだったんですね。人と人が食べ物を分けあっていた時代から、人と人が富を奪い合う時代へと変わっていくなかで、人々の生活はどう変わっていったのか。また、技術の進歩と身分の違いがどう関わっていったのかを考えていくことが、長く続く支配の社会を考える観点につながるのではないでしょうか。卑弥呼や邪馬台国についてはいろんな説がありますが、『魏志』倭人伝は支配について考えるいい教材だと思いました。

古 代 〜Kodai〜

03 古墳の謎にせまる！

古墳時代 ~KOFUN~

～古墳時代の人びと～

迫りたいテーマ

当時の支配者にとって、「墓」は最先端の技術を使って作るものであったこと、権力の象徴であったことについて

ねらい

①巨大古墳の規模の壮大さを知る。
②巨大古墳がつくられた背景として、支配者の力が強大になったことを理解する。

授業の流れ

時間	学習活動	予想される子どもの反応	留意点・準備物
0分	（世界の古墳の写真を見せて） ○これは「古墳」といいます。どういうものですか？	○昔の支配者の墓 ○鏡や玉（副葬品）、はにわなども埋められている。	資料「いろいろな古墳」 ○3世紀末から7世紀ごろに墳丘を持つ墓をさす。 ○円墳、方墳、前方後円墳など。
5分	○古墳にはどのような人たちがほうむられていたのでしょうか？	○豪族 ○大和政権の大王（天皇）	○鏡、まが玉、剣、よろい、冠、馬具などさまざまな物で飾られ、ていねいにほうむられていた。 ↓ ○その地域の豪族とか力のある人が埋葬されている。
10分	○身近に古墳がありますか？	○大山古墳（堺市） ○高松塚古墳（奈良明日香村）	○大阪府内の古墳の数は約3500、そのうち前方後円墳は約150。 ＊分布には偏りがあり、現時点では豊能町・摂津市・島本町・守口市・門真市・泉大津市・忠岡町・田尻町にはない。

古墳の謎にせまる！〜古墳時代の人びと〜

時　間	学　習　活　動	予想される子どもの反応	留意点・準備物
20分	○「古墳大きさランキング」を見て、第1位の大山古墳の規模について想像する。（班で） ★つくるには何年かかるか？ ★いくらかかるか？	○想像できない。 ○ピラミッドよりは小さい。 ○今のお金で何億はかかる。	資料「おもな古墳の分布」 資料「古墳大きさランキング」「大山古墳の写真」 ※エピソードとして紹介 　濠の掘削、土砂運搬、墳丘の造成などに莫大な人手がかかる。1日2000人で15年8カ月。総工費：796億円（大林組試算）
30分	○どうして巨大古墳がつくられるようになったのか？	○大和政権の勢力が強くなったから。 ○大王（天皇）の力を示すため。	○巨大古墳がつくられた背景として、支配者の力が強大になったこと、それが権力の象徴であったことをとらえさせる。
35分	○各地の豪族がなぜ大和政権と同じ形の古墳をつくり、大和政権から分け与えられた鏡・鉄剣・玉を副葬したのか？	○大和政権の支配に入るため。 ○権力を見せつけ民衆を支配するため。	○また、朝鮮半島からの渡来人の移住により、すぐれた技術や文化がもたらされた。 ○豪族は大和政権と結びつくことにより、進んだ技術や資源を入手し、同じ形の古墳をつくることで優位に立とうとした。
40分	○その後の人々は古墳をどのように考えていたのだろうか？	○あまり大事にされない時期があった。 ○古墳の上に城をつくった戦国大名がいる。	○6世紀中頃には大きな古墳が次第につくられなくなる。 ○都や寺院などが大王や豪族の力を示すものになっていったことを補足する。

資料・参考にしたサイト

古墳マップ
https://kofun.info/prelist

堺市役所ホームページ　デジタル古墳百科
http://www.city.sakai.lg.jp/kanko/rekishi/dkofun/index.html

ボ～イス

- 「巨大な古墳」について調べているなかで、3世紀後半～4世紀の「渡来人の移住」の果たした役割の大きさを再認識しました。渡来人は古墳を作る技術を日本にもたらしました。当時の豪族たちは、自分にとってすべての最先端の技術を使って墓を作っていたのであり、権力の象徴であったわけです。
- 小学校の砂場で大仙古墳の小さいものを作ってみたときの話です。子どもたちが古墳の周りの堀の部分をスコップで掘り、盛っていきます。最後に堀に水を入れなければなりません。手洗い場からバケツで何往復もして水を入れていきますが、水がしみ込んでなかなかたまりません。そして子どもたちは気づきます。「川の近くに作ってそこから水をひいたのではないかなぁ。こんなことやってられないよ！」。実際にやってみて気づくことってありますよね。

04 でっかい大仏を描こうや!!
～奈良の大仏～

奈良時代 ～NARA～

古代 ～Kodai～

迫りたいテーマ
巨大な大仏づくりという華やかな事業に対して、貧しく暮らしていた民衆たちは必死で協力するが、開眼式には近づくことも許されなかったそうである。民衆に協力させることで権力を誇示するという力の論理について

ねらい
①大仏づくりをとおして、奈良時代の民衆がどのような生活を送っていたのかを知る。
②大仏づくりでの民衆の協力に対して、権力者は開眼式で民衆を疎外した。権力を誇示する力の論理や身分に対する理不尽さに気づく。

授業の流れ

時間	学習活動	予想される子どもの反応	留意点・準備物
0分	○大仏の写真を見て、どのくらいの大きさか想像する。	○学校と同じぐらいかな。 ○高さ10mぐらい。	○大仏の写真
5分	○大仏の大きさを実感する。	○大きいなぁ。 ○自分の手の何倍ぐらいだろう。 ○全員入れた。	○大仏の手を見せる。自分の手と比べさせる。 （**資料①** 手のひらは3m四方ぐらいである） ○手の中に全員入らせる。
15分	○大仏の高さは何mでしょう。 ○15mを実感する。	○学校の校舎よりも高い。 ○大仏ってでかいなぁ。	**資料①** ○実際は約15mほどである。 ○校舎の窓からメジャーをたらす。
25分	○大仏を校庭に描く。	○実際につくってみたら、本当に大きいことがわかった。	**資料②** ○グループワーク。協力して活動させる。 ○大仏の大きさを実感させる。 ○アレンジとして、大仏の顔を模造紙などで作ることも

時間	学習活動	予想される子どもの反応	留意点・準備物
70分	○なぜ、聖武天皇はこんなに大きな大仏をつくったのかを考える。	○悪い病気がはやったので、仏の力で治そうとした。 ○仏の力で国を治めようとした。	可能。 ○当時の疫病や飢饉のことにもふれる。
	【大仏づくりの実態を知る】 ○教科書記述から大仏づくりには、のべ約260万人の人手が必要だったことを知る。		○総人口600万人（2人に1人が大仏づくりに関わったことになる）
80分	○人々は進んで大仏づくりに参加したか、いやいや参加したかを考える。	○大仏をつくることで世の中の不安が治まると考えていたので進んで参加した。 ○農民たちは税で苦しんでいたからいやいやだった。	資料③ ○民衆の生活の様子。
90分	○大仏に必要な材料はどのようにして集めたのかを考える。		資料④ ○材料は銅・水銀・すず等である。 ○はじめは迫害を受けていた行基も大仏づくりには参加している。
100分	○人々は銅を出したのかを考える。 （何人ぐらい出したのかも考える）	○身分の高い人だけがお金をいっぱい持っていたから、民衆は出せなかったのでは。	○身分の高い人は1000人ほどだった。 ○銅はとても高価。（資料④） ○37万2075人の人が銅を出している。（案外多い） ○身を削る思いで、大仏づくりに参加したことに気づかせる。
	○大仏が完成して、開眼式が行われた時、民衆が誰一人近づくことも許されなかったことについて、話し合う。	○がんばった人たちが呼ばれないなんて……。 ○やっぱり、民衆も呼ぶべきだったのでは。	資料⑤ ○大仏づくりに協力した民衆の気持ちになって考えさせたい。
	○それで、世の中は変わったのかを話し合う。	○せっかくそこまで協力してつくったんだから、だいぶ変わったと思う。	○民衆の協力を得てつくった大仏であるが、それだけでは解決に至らず、その後、

時間	学習活動	予想される子どもの反応	留意点・準備物
		○大仏だけでは結局は変わらなかったと思う。開眼式にも呼ばなかったし。	公地公民制が完全に崩壊する。

①大仏の大きさ（単位はcm）

	創建時（752年）	現在
座高	1,580	1,498
顔の長さ	473	533
顔の幅	280	320
鼻の幅	115	102
鼻の高さ	87	98
目の長さ	47	50
口の長さ	109	133
耳の長さ	251	254
手のひらの長さ	165	148
中指の長さ	148	108
足の大きさ	355	374
ひざの厚み	207	223
銅座の高さ	295	304
石座の高さ	236	252～258

②大仏の描き方

◎場所を考える。（完成した時、上から見えるように）
◎ラインカーとメジャーを数個用意する。
◎クラスを4～5グループに分ける。
◎設計図プリントをもとに、グループで描きたい場所を選ぶ。グループごとに誰がどこを描くのか作戦を立てる。
◎校庭に順番に描いていく。
　（「手のひらに全員乗れるか？」というアレンジも考えられる）

●●●● 大仏の設計図 ●●●●

3m
3m

③民衆の生活

「諸国の役民、郷に帰るの日、糧食乏しく多く帰路に飢えて溝にころげうずくまること、その数少なからず」

「諸国の地、遠きけわしく、負担の輩久しく行役に苦しむ」

『続日本紀』より

④大仏の材料

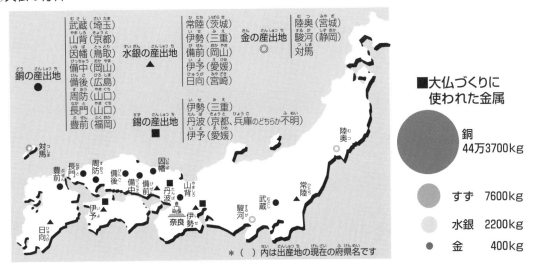

大仏の銅のうち、大部分は現在の山口県美祢（みね）市長登（ながのぼり）銅山より採掘されていた。

(大阪歴史博物館より)

当時は通貨があまり流通していないので、今のお金で単純に比較はできない。国の銅を全部使ってでも完成させようという、一大プロジェクトだった。

(東大寺より)

銅400t以上を使用するなど、聖武天皇は、国中の銅を集めてでも大仏を作れという命令を出している。そして、集められた銅のうち、かなりの部分を長登銅山の銅が占めていると思われる。一般庶民が手に入らなかったものということで、銅が高価なものだったことは間違いないが、どれぐらいの価値であったのかは、断言できない。

(山口県美祢市社会教育課より)

当時の銅の価格は、今のダイヤモンドぐらいだったのではないかという情報もある。

⑤大仏開眼式

大仏の開眼（かいげん）式が行われたのは、752年のことです。聖武天皇が大仏建立の詔を出してから9年の月日が過ぎていました。開眼式とは、大仏に目をかいて、魂を入れる儀式のことです。インドから高僧を招き、（他にも中国・朝鮮など）1万人もの役人や僧が参加しましたが、大仏作りではたらいた人々は、近づくことも許されませんでした。

『社会科資料集』光文書院

王座のうしろには、貴族や役人が、礼服を着て集まっています。やがて、インドから来た僧が入場してきます。聖武天皇が開眼師の役をお願いしていたのです。参列した一同が見守るなか、大仏の眼に瞳をいれる開眼の作法がおこなわれます。筆には、「縷（る）」という190mもある長いひもがむすばれています。天皇一族や高官たちが、ひもに手をそえています。ひもを持つすべての人によって、開眼の式がおこなわれたのです。しかし、実際に大仏の工事にたずさわった民衆は、この儀式には参加できませんでした。

『調べ学習日本の歴史3　奈良の大仏の研究』ポプラ社 2000

わしらの手でつくった大仏さまなのに、わしらのまわりには四千人もの兵士がいて、大仏殿に近づくことも、おがむこともできなかった。み仏によってみなの心を一つにするという詔（みことのり）の言葉はどこへいったのだ。

『歴史おもしろ新聞2　東大寺に日本一の大仏』ポプラ社 1990

★左の写真のように、大仏殿の破風屋根の下に、大きな扉があります。一年に一度、この扉が開かれ、ここから、大仏の顔が見られるように造られています。大仏造立に活躍した民衆も、一年に一度、遠くからしかお参りできなかったという。
やはり、天皇や公家、貴族たちの「大仏」でしかなかったのです。

大仏づくりに使われていた「銅」を求めて…

奈良時代の銅はどれぐらいの価値なのでしょうか。大仏づくりには、のべ37万2075人の人が銅を出しています。奈良時代の人々は「身を削る思い」で高価だった銅を大仏づくりのために出したことを、子どもたちに実感させるためにも、奈良時代の銅の価値が、今で言うとどれぐらいなのかを調べることにしました。

① インターネットでは、ダイヤモンドぐらいの価値とも書かれていました。しかし、指導案作成の段階で、「ダイヤモンドも高いのから安いのまでピンからキリまであるから、実際に今で言うとどれぐらいの価値なのかはわかりにくい」ということになりました。
② そこで、大阪歴史博物館に問い合わせてみました。奈良時代の研究をしているという方に話を聞きましたが、今での貨幣価値はわかりませんでした。しかし、「大仏の銅のうち、大部分は現在の山口県美祢市長登銅山より採掘されていた」という情報を得ることができました。そして、美祢市の社会教育課に、銅についての研究をしている人がいることがわかりました。
③ 奈良国立博物館にも問い合わせてみましたが、「詳しくはわからないので、東大寺に聞いた方がいい」と言われました。
④ 東大寺に電話をしてみると、「今で言うとどれぐらいの価値なのか、当時は通貨があまり流通していないので、今のお金で単純に比較はできない。しかし、国の銅を全部使ってでも完成させようという、一大プロジェクトだったことは間違いない」ということでした。
⑤ 長登銅山の研究をしている美祢市にも問い合わせをしてみました。そこで教えてもらったことは、指導案にもあるように、「銅400t以上を使用するなど、聖武天皇は、国中の銅を集めてでも大仏を作れという命令を出している。そして、集められた銅のうち、かなりの部分を長登銅山の銅が占めていると思われる。一般庶民が手に入らなかったものということで、銅が高価なものだったことは間違いないが、どれぐらいの価値であったのかは、断言できない」ということでした。

確かに、その当時高価なものであったことは間違いないようです。ただ、今の貨幣価値に換算することは難しいようでした。実際に授業では、「今現在では、銅は10円玉などにたくさん使われているが、奈良時代には、一般庶民はなかなか手に入らない高価なものだった。ダイヤモンドみたいなものかな」という感じで子どもに提示できればと思います。

05 美人はつらいよ

平安時代 ~HEIAN~

～平安時代の美人の条件とは～

迫りたいテーマ
ケガレ意識から迷信が生まれ、迷信によって健康を損なうこともある

ねらい
平安時代、ケガレ意識から多くの決まり事があり、それによって健康を損なうこともあった。現代の私たちの意識のなかにもケガレ意識や固定観念があることに気づき、どのような意識を持って生活していくことが大切かを考る。

授業の流れ

時間	学習活動	予想される子どもの反応	留意点・準備物
0分	○平安時代の貴族の暮らしはどんなものだったのか。「源氏物語絵巻」をもとにした絵を見て予想する。（プリントを配り、班で意見を出し合って、班ごとにまとまった意見を発表する） 問1　この女の人はどうして扇で顔をかくしているのでしょう。	○自分たちの身近な生活との比較で、平安時代の様子に興味を持つ。 ○はずかしいから、きまりがあった、マナーだった、日焼けしないように。	○迷信が貴族の暮らしを支配していた時代であったために、いろいろと制約があり、健康を害したりもした。その迷信は日本特有のケガレ意識から生み出されていることもある。現代の日本においても同じような物の見方があることに気づかせる。
15分	問2　平安美人の3つの条件は何でしょう。 問3　十二単は多いときで厚みが16cmにもなったそうです。どうしてこんなにたくさん着ていたのでしょう。 問4　この頃の貴族の平均寿命は約何歳でしょう。 問5　なぜ平均寿命が短かったのでしょう。	○かわいい、色白、ふっくらしている。 ○きまりだから、寒いから。 ○50歳、40歳。 ○暗いところにいたから。	

美人はつらいよ〜平安時代の美人の条件とは〜

時　間	学　習　活　動	予想される子どもの反応	留意点・準備物
35分	問6　どんなトイレだったと思いますか。 ○藤原師輔「九条殿遺戒」のプリントを読み、感想を班で話し合う。現代の風習や化粧の宣伝などとも比較してみる。	○くみとりのトイレ ○すごくならわしに左右されていると気づく。 ○今の星占いと似ていると思う。	

資料①・②・③、ワークシート

資料①

問1

この女の人はどうして扇で顔をかくしているのでしょう。
　説明　このころの貴族の住まいは寝殿造りといいます。資料集で見てみましょう。大変広いです。広い部屋をすだれなどで区切って使っていました。窓もなく中に入ると、とても暗いです。そんな中でもはっきり顔が見えるように厚い化粧をしていました。おかしいことがあると笑って化粧がくずれます。それで、面白いものや楽しいものを見ないように、扇で目隠しをしていたと言われています。

なぜ女性は扇を持っていたのか。
　説明　当時の化粧は、お好み焼きやたこ焼きの生地よりももっとドロドロした白い泥のようなものをへらで顔に厚く塗っていました。時間がたつとそれが乾いてパリパリになっていました。したがって汗は禁物でした。十二単を着込んでいたので、夏場は特に大変でした。また、大きな口を開けたり笑ってしまうと、顔面にひび割れができました。それを防ぐために、目隠しのように扇を持っていたのです。また、白く厚化粧したのには寝殿造りの構造にも理由がありました。絵巻物を見ていると、屋根を突き抜けて描いてありますから、とても開放感があるように見えます。しかし、当時の屋敷というのは、かなり広い割には窓がなかったのです。また、すぐ近くを照らす照明しかありませんでしたので、できるだけ白く塗らないと十二単しか見えなかったそうです。

問2

平安美人の3つの条件は何でしょう。
　説明　①色が白い　②おしろいをたくさん塗れるように顔が大きい　③髪が長い

問3
十二単は、冬場など多いときで厚みが16cmにもなったそうです。どうしてこんなにたくさん着ていたのでしょう。
　説明　寝殿造りの図を見ましょう。廊下は外と直接つながっています。外の風が入ってきます。暖房と言っても手を温める火鉢くらいしかありませんでした。寝る時は薄い敷物の上に着物をかけて寝ます。とても寒かったそうです。それでたくさん着ていたのです。
　参考文献　有田和正『有田社会・高学年（授業がおもしろくなる21授業のネタ）』日本書籍　1999より

問4
この頃の貴族の平均寿命は約何歳でしょう。
　説明　当時の貴族の平均寿命は男性32歳、女性27歳でした。

問5
なぜ平均寿命が短かったのでしょう。
　説明　十二単を着ているから、運動などできるわけがありません。また、日焼けなどはもってのほかですから、屋敷に閉じこもっています。さらに食べ物も豊かな時代とは言えないのに、大口を開けられないので栄養失調になる人が多かったのです。死因の半分は栄養失調を原因とした結核によるもの。20％が栄養失調を原因とした脚気によるもの。10％が皮膚病でした。

問6
どんなトイレだったと思いますか。
　説明　平安時代の女性用トイレは、まり箱と呼ばれたものでした。まり箱とは、簡単に言うと「おまる」です。このまり箱は樋箱とも呼ばれ、長方形の箱に砂を敷いて部屋の片隅において用をたすものです。用が済めば、それを近くの川まで捨てに行きました。つまり水洗トイレだったというわけです。このようなトイレでないと用が済ませなかったのは、もちろん十二単を着ていたからです。

資料②

1. 朝3時に起きなさい。
2. 起きたら、属星（ぞくしょう）の名を7回唱えなさい（属星とは、陰陽道で生年によって決まる人の運命を支配する星で、生年の干支を北斗七星の各星にあてたもの。当時の人びとは、その属星を祈ったり祭ったりすると幸福になれると考えていた）。
3. 次に鏡を取って顔を見なさい。
4. 次に暦を見て、その日の運勢が吉か凶か調べなさい。
5. 次に口をすすぎ、手を洗いなさい。
6. 次に、お経を唱え、普段から信じている神社のことを思ってお祈りしなさい。

7. 次に、昨日の日記をつけておきなさい。
8. 次に、おかゆを食べなさい。
9. 次に、髪の毛をくしですきなさい。（男なら3日に一度でよい）
10. 次に、手足のつめを切りなさい。（丑の日には手のつめを、寅の日には足のつめを切ると良い）
11. 次に、入浴しなさい。（入浴は、5日に一度でよい。ただし、毎月1日に入浴すると早死にし、8日に入浴すると長生きする。18日に入浴すると強盗に入られる）
12. 朝7時から10時までが仕事。
13. 朝10時から12時までに、食事を済ませなさい。
14. 夕方4時頃には夕食を取りなさい。

藤原師輔「九条殿遺誡」児王幸多ほか編『史料による日本の歩み　古代編』吉川弘文館 1960より

資料③

◆平安化粧の基本

髪　　ゆする（米のとぎ汁）を髪につけてくしですく。
眉　　自然眉は抜いて、眉と額の間くらいに描く。
白粉（おしろい）　ハケで顔を白塗りする。
紅　　紅花の染料を口紅や頬紅として使用する。
歯黒　肌の白さを際だたせるため、歯を黒く染める。

◆髪のお手入れ

　平安時代、身の丈余る、と言われたほどの長さを誇る女性の髪のお手入れは、それこそ1日がかりの大仕事でした。髪を洗い、くしですいて自然乾燥させているだけでも手間がかかります。そんな作業を毎日するわけにもいかず、さらに陰陽道などによって髪を洗ってはいけない日なども決められていましたから、普段の髪の手入れとしては、ゆするを髪につけて、くしですいていただけのようです。

◆引き眉

　奈良時代以降、日本でも唐文化にならって眉化粧が始まりました。しかし、どんな眉が描かれたのかは、時代・身分によって違うようです。平安時代のような垂髪だと、額がとても広く見えてしまうため、顔との調和を図って、眉は額の中央付近に描かれました。

◆白　粉

　奈良時代、女性は健康的な肌の色が美人だと言われていました。しかし、平安時代になると女性はめったに屋外に出なくなります。照明器具も発達していない薄暗い屋内でも美しく見えるよう、白粉の文化は始まりました。白粉には、大きく分けると、植物性の白色顔料や鉱物性の白色顔料、動物性の白色顔料をそれぞれ単品で使っていました。奈良時代になると大陸から「鉛白（鉛白粉）」や「軽粉（水銀白粉）」の製法が伝わります。軽粉（水銀白粉）は、透明感のある美しい仕上がりになったことから、ハレの化粧として使われました。

参考文献　高橋雅夫『化粧ものがたり』雄山閣出版 1997

ワークシート

「美人はつらいよ」～平安時代の美人の条件とは～

年　　組　　番　氏名

問　　題	あなたの予想は？	班の予想は？
問1　この女の人はどうして扇で顔をかくしているのでしょう		
問2　平安美人の3つの条件は何でしょう		
問3　十二単は多いときで厚みが16cmにもなったそうです。どうしてこんなにたくさん着ていたのでしょう		
問4　この頃の貴族の平均寿命は約何歳でしょう		
問5　なぜ平均寿命が短かったのでしょう		
問6　どんなトイレだったと思いますか		
考えてみよう！！ ① 風習、化粧について現代と平安時代とを比べて、似ているところやちがうところを出してみよう	（似ているところ） （ちがうところ）	
② 風習や流行などについてあなたが思うことを書いてみよう（服装や化粧や迷信などについて）		

ボイス

- このネタはすごくおもしろいです。小学生でも中学生でも、現代の生活と比べることができるので身近に感じることができます。美人の条件が家屋の造りに影響されていたり、白粉が取れにくいという理由で体を害する成分があることを知らずに使っていたりします。そういうところも現代にも通じるところがないか考える材料にもなります。
- 「美人の条件」ができた背景を考えることで、迷信や噂で物事を判断することについて考えさせ、自分の生活にも同じようなことがないかを振り返らせるきっかけにしたいです。また、どのように判断していくとよいのかというところまで考えさせて、判断の根拠となるのは「正確な情報」であることを押さえたいと思います。
- この授業の中で子どもたちから、顔や体型などを冷やかす雰囲気や状況があるときは、そういった言動を逃さず、どうあるべきかの指導を徹底しなければなりません。
- 国語の古典や保健体育の健康に関する分野での活用も考えられます。
- なぜ十二単を着ていたのか、トイレはどうしていたのか、どんなトイレだったのかなど想像すると楽しいネタもあり、子どもたちの歴史への興味が広がるように思いました。
- 昔も今も美に対する欲求はすごいと思うと同時に、「美白」や低年齢からの「化粧」など、現代は（おそらくメディアによって）素顔でいられない時代、仮面をかぶらないといられない時代になってしまったのかと思います。健康なからだや素顔の美しさが良いと思える感覚も広がってほしいと思います。

06 "気枯れ"から"穢れ"へ

平安時代 ～HEIAN～

～平安のケガレ～

迫りたいテーマ

ケガレ意識・肉食について

ねらい

①平安以前、大王（天皇）及び神社が「死」と「血」を（気枯れ→穢れ）として忌み嫌い、貴賤を問わず訪れる死穢と血穢に対し、権力者も恐れを持ったというケガレ意識の形成過程を知る。
②平安時代の式（律令の施行細則）「延喜式」などに「死」「出産」「食肉」による忌中期間を制定し、その間は「触穢」と言ってケガレは感染するとしたことから、公の場に出ないなどの制約を設けたという、ケガレの規則化を知る。
③ケガレの人への固定化が、職業、血縁、地縁と結びついて被差別民をつくり部落差別へとつながること、そして近世の身分制度に組み込まれていくことについて考える。

授業の流れ

時 間	学 習 活 動	予想される子どもの反応	留意点・準備物
0分	（発問1） ○神社のまわりがどうなっているか、アメリカなどの家まわりと日本のとどう違うか？	神社：木で囲まれている。 家　：アメリカの家はへいや門がない。 　　　日本の家は門、へい、生け垣。	○神社の写真、家の写真（アメリカの家、日本の家）の資料参照
10分	○日本の家がへいや木々で囲まれているのはなぜか、考えてみよう！ （発問2） ○怖いものは何？ （説明2）	○「泥棒よけ」「かっこつけ」 ○「おばけ」「ユーレイ」	〈知識として〉 ○ケガレの発想、感染すると信じられた。空間を囲むことでケガレを切り離し、ケガレを封じ込める、または外から入られないように守る。 〈神道では〉
20分	**ケガレへの異常な恐れ** ○貴賤の別なく、地位とは無関係に誰にでも出産、死、食肉はある。		○「死」＝「気枯れ」による命の喪失とされていた。

"気枯れ"から"穢れ"へ～平安のケガレ～

時間	学習活動	予想される子どもの反応	留意点・準備物
35分	○なんとかケガレから免れようとあがく権力者たち ↓ ○平安時代 醍醐天皇 927年「延喜式」 　　（藤原時平編さん） 死穢と血穢の細かい決め事と触穢の細則 　ケガレの規則化 ○ケガレ ①人、六畜（牛、馬、羊、犬、鶏、猪）の死 ②人と鶏以外の出産 ③食肉 ＊女性の月経も！ ○女性の月経は気が枯れているからなるのだろうか？ ○そして死は気が枯れていて起こることだろうか？ ○また感染するのだろうか？ ＊「触穢」は、なんと1873（明治6）年まで続いた。 ↓ ○ケガレを人に固定化するようになり、職業、地縁、血縁と結びつき、被差別民を生み出すことになった。（発展）近世の身分政策へ（予告する必要はない）。	○なぜ鶏の出産はケガレじゃないのだろう？	○見えないものへの畏敬の念の存在と為政者の恐れを教える。 ○「感染する」と考えるほど恐れた。 ○毎日卵を産む鶏の出産だけはケガレを外したところに、すでに不合理性があらわれていることに気づかせる。 ○「死」や「血」は感染するのか？　死も血も感染しない＝ケガレも感染しない「触穢」の不合理性をおさえる。 ○あくまでもケガレという見えないものへの恐れであり、決して人へ向けてのものではないことをおさえる。

資料

律令名	施行年	忌日数						
		人の死に関わったら	人の産に関わったら	弔問したら	六畜の死に関わったら	六畜の産に関わったら	肉食したら
弘仁式	820年	30	7	3	5	3	3
貞観式	871年	30	7		7	3	月限り
延喜式	927年	30	7	1	5	3	3

※97ページのレポート参照

家の写真：外国と日本

〈上の写真〉カナダ：アボッツフォード
　塀のない、芝生に包まれゆったりした敷地に建つ典型的な郊外型住宅です。車庫2台が標準仕様です。電柱がなく、門塀がないので開放的ですっきりした住宅地です。

〈上の写真〉オランダ：オッテルロー
　オランダも九州ほどの広さで、江戸時代の日本とは深いつながりがありました。オランダといえば運河、風車、チューリップが有名ですが、建築でも先進的な国です。デンマークに比べると、住宅は少しおとなしい印象です。屋根勾配はデンマーク同様急勾配ですが、外壁は日本の住宅に近い印象です。

〈左の写真〉オランダ：アベルドルーン
　デンマークと同様、電柱がなくすっきりとした住宅です。屋根形状は切妻ですが、写真の左側の住宅は腰折れ屋根（マンサード）になっています。オランダの住宅は道路に面して大きな窓を設け、通りから室内が見えるようになっていることで有名です。生活丸見えで日本では考えられないことです。

"気枯れ"から"穢れ"へ〜平安のケガレ〜

古代 〜Kodai〜

〈左の写真〉イギリス：ノーザンプトン郊外
　イギリスの住宅は北ヨーロッパに比べると重厚な造りです。石の外壁が重厚さを強調しています。屋根は45度に近い急勾配です。屋根素材は瓦、スレートが主ですが、写真手前の急勾配屋根は茅葺です。が、防犯上の理由もあるようです。開放的で目立つので泥棒が入りにくいようです。生垣も低く抑えており、インテリアに力を入れ、どうぞ我が家を見てくださいということでしょう。

〈上の写真〉京都：龍安寺の庭園

不安をかき立てる「恐れ」ではなく、人間の英知を超えた自然への「畏れ」は、いま必要な時代かも

延喜式で忌み穢れによる生活の制限が定められ、当時の人々を治める基準の一つになっていたことを初めて知りました。ケガレの概念が平安時代にすでに存在し、政治をも支配していたことに驚きました。

近畿の府県が日本古来からの政治・文化の中心であったことをつくづく感じることの1つが寺社の多さです。それぞれがその地域の人々に、また広く市民に大事にされています。時折訪れる神社は、樹木に囲まれた中に社殿が整然粛々と構え、威厳に満ちています。参道を歩いていると樹木がバリヤーの役割を果たしているのか外界から切り離されて空気も異なり、「神域」という言葉が浮かんできます。木立で薄闇を呈している周囲をじっと目を凝らして見ると、あたかも魑魅魍魎が潜んでいる気配を感じるような気がしてちょっと怖かったりします。科学が発達し、夜を忘れたような明るい街に生きる私がふっと怖さを感じるのですから、昼の陽光と夜の闇に支配された昔の人はこの闇がさぞ怖かっただろうな、と思います。そして見えないもの、その時代の英知で理解できないことへの「恐れ」が政治さえ支配し、逆にそれほど「畏れ」の念を持っていたのだなぁ、と感慨深くなります。

子どもにはケガレよりむしろ「畏れ」を教えたいと思いました。「畏れ」をどうとらえるかが問題なのだと思います。

喪中ハガキという存在

年末が近づくと喪中ハガキが送られてきます。喪中というのは喪に服している期間のことです。喪に服すとはどういうことなのでしょうか。喪というのは近親者が亡くなった時に一定の期間、外出や社交的な行動を避けて身を慎むことだそうです。関係が近いとか遠いとかで日数に長短があります。長ければ1年くらい。短ければ3カ月くらいです。日本だけではなくさまざまな国で似たようなことが行われています。死者に対して愛着や罪責の念、死に対する恐れ、死のケガレを遠ざけることから、いろいろな習慣が生まれたようです。喪中ハガキは、仕事上のお付き合いで故人と面識のない方や、気遣いをさせたくない相手には送らず、年賀状を送ることもあります。

祖母を亡くしたことで、喪中ハガキを出すか出さないかについて家庭で話し合いました。そもそも実生活では祖母が亡くなってからも外出はしてるし、社交的な場にも出ています。喪に服している状態とは言えません。なのに喪中ハガキが必要か？　また死のケガレを遠ざけるという、このケガレ意識って部落差別とつながっているんじゃないか？　ということで、出さないことにしました。

しかし、これで終わったわけではありません。喪中ハガキというのは近親者が亡くなったときにしか出さないものです。ということは、なぜわたしたちが喪中ハガキを出さないのかということを説明する機会もこの機会しかないわけです。ただ忘れていたとかめんどうくさいのではなく、喪に服し、喪中ハガキを出す行為をやめようというもので、できることならそのような考え方もあるんだなということを知ってもらおうということになったのです。

そこで、右のような年賀状を出すことにしました。

"気枯れ"から"穢れ"へ〜平安のケガレ〜

古代〜Kodai〜

> あけまして
> 　おめでとうございます
>
> 　昨年、祖母を亡くし、喪中欠礼のご挨拶を旧年中に差し上げるところでしょうが、わたくしどもの考えから年賀状にて新年のご挨拶をさせていただくことにしました。
> 　社会意識としての差別観念を温存し助長する迷信や因習、不合理な社会のしきたりこそ、いまだに部落差別をはじめさまざまな人権課題を解決できずにいる障害になっていると考えます。したがって喪に服すという因習については、ケガレ意識にもつながっていますのでわたくしどもは行いませんし、この機会にアピールすることによって、祖母の存在に感謝したいと思います。
> 　本年もどうぞよろしくお願いいたします。

あるいは、もっと簡素なパターンとして　→

> あけまして
> 　おめでとうございます
> 本年もどうぞよろしく
> 　お願いいたします
>
> 　昨年祖母を亡くし、喪中欠礼のご挨拶を旧年中に差し上げるところですが、これら因習がさまざまな人権問題を解決できずにいる社会意識とつながっていると考えますので、年賀といたしました。

というものです。

　実際にこの年賀状を出してみると、受け取ってから返信をくれた方にいくつかの反応がありました。たいへんうれしかったです。また、この喪中の考え方は部落差別につながると同時に、家制度のおかしさも気づかせてくれます。喪に服すという行為を死者に対しての愛着や罪責の念で行うのであれば、親戚に限らず、友人が亡くなった時でも構わないでしょう。しかし友人が亡くなったときには喪中ハガキは送りません。そもそもこの親戚というのは、さまざまな家庭のありようのなかでどのような関係を言うのでしょうか。その背景には家制度がどっかりと居座っています。

　そして天皇制にも通じていることに気づかされました。昭和天皇が亡くなった時のあの異様な世の中の動きを記憶している方も多いでしょう。あのときは国民が喪に服すような空気が支配していました。親戚でもないのに。あのときは「国民はいまだに天皇の赤子なのか？」と思ったものです。

　ケガレ意識は私たちの暮らしの中にあります。

ケガレとヨゴレのちがい

　先日、美容室で髪をカットしたときのことです。床に落ちている髪の毛を美容師がほうきで集めていました。「毎日かなりの量の髪の毛になるでしょう」と言うと「そうなんですよ。少し前までは頭についていたのに、このように切られればゴミですからね。不思議なもんです」と、その美容師。体に付いているときには汚いものではないのに、離れると汚いものになってしまう。爪や唾、血液なんかもそうです。構造物の一部であるときはヨゴレでなくても、離れてしまうとヨゴレ。また、それまでなかったところに規則性なく加えられるものもヨゴレとみなされることがあります。どうやら、その物やようすが不規則あるいは無秩序なものが、ヨゴレとしてみなされるようです。それに対して、ケガレは人間社会と自然界の関係におけるものであったり、人間関係において生じるもののようです。

07 なぜ伸びた？ 日本人の平均身長
～平安の肉食・近代の肉食～

平安時代～HEIAN～

迫りたいテーマ
平均身長が高い時代の背景には肉食があったことについて

ねらい
肉食により高いカロリーを得ることができ、それが身長に影響しているということである。ふだん肉を食べているのに、食肉業に対する差別があることについて考える。

授業の流れ

時間	学習活動	予想される子どもの反応	留意点・準備物
0分	○ワークシートの設問に、自分の意見や班の話し合いによる意見を書き込む。		○「身長が高いことがいい」という価値観にならないようにする。
10分	問1 平均身長が高い時代はいつですか？ 平均身長の資料を見て、平均身長の高い時代をリストアップする。	○弥生時代末期と古墳時代、1932年以降徐々に伸びている。	
	問2 なぜこの時代に平均身長が伸びたのだろう？ 伸びていない時代は何があったか考える。	○1948年は下がっている。（戦後だからと予想する） ○何か栄養のあるものを食べていたから。	○肉食など十分なカロリーを得るようになったことが原因。
20分	○平安時代には、肉を食べたら次の日は休みを取らないといけないなどのならわしがあった。	○おもしろい風習があるんだなあ。なぜそんな風習ができたのだろう？	○仏教との関連や、ケガレ意識について説明する。
30分	考えてみよう ○牛肉を食べているのに、牛	○おかしいことだ。	○「絶対に殺生してはいけな

なぜ伸びた？日本人の平均身長～平安の肉食・近代の肉食～

時間	学習活動	予想される子どもの反応	留意点・準備物
	を食用にする仕事をしている人を差別する人がいることをどう思う？	○動物を殺すからかな？	い」というのが仏教の教えであり、「殺生する者は悪」ととらえていた。そのことから食肉業に対する差別意識があったことをあげ、ケガレ意識がしだいに差別に結びつくことを知る。 ○自分の意識を振り返り、おかしいことに気づかせる。

古　代　～kodai～

料

平均身長について・ワークシート

芝浦と場
http://www.shijou.metro.tokyo.jp/syokuniku/rekisi-keihatu/

平均身長について（日本人成年男性の平均身長の推移）

時代	身長	備考
縄文時代	156.0cm	魚、貝、動物、木の実などを食べていた（貝塚からわかる）
弥生時代初期	156.0cm	米づくりが行われていた（登呂遺跡などからわかる）
弥生時代末期	160.5cm	
古墳時代（飛鳥時代）	160.5cm	
奈良時代		
平安時代		仏教文化が栄える
鎌倉時代		牛や馬は耕作に利用
14世紀	157.0cm	
室町時代		
16世紀	157.0cm	一説では155cm
江戸時代		
18世紀	155.5cm	
1898年	156.6cm	
1901年	157.0cm	
1902年	157.2cm	
1907年	157.9cm	
1912年	158.1cm	
1917年	158.5cm	
1922年	159.1cm	
1927年	159.7cm	
1932年	160.0cm	
1937年	160.3cm	
1948年	158.2cm	
1958年	164.3cm	
1968年	167.3cm	
1979年	169.4cm	
1988年	170.3cm	
1993年	170.7cm	

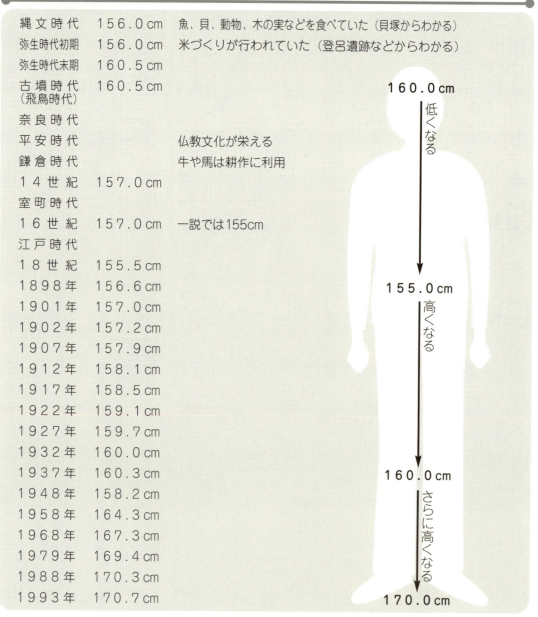

- 日本人の身長の伸びは近年鈍化している。その原因は、睡眠不足や過度のダイエット、カルシウム不足、情緒不安定、偏食などと言われる。
- 諸外国においても、大きな伸びを示した時期があった。身長の急激な伸びは18世紀後半の北欧にはじまり、ヨーロッパの南部に広まっていった。肉食化が進み、十分なカロリーを得ていた貴族は平均身長も高く、イギリス貴族と一般大衆では20cmも平均身長に差があったといわれる。
- イギリスにおいても19世紀後半から一般大衆の身長の伸びは急激になった。これは、産業革命を経て一般大衆にも飽食の時代がやってきたことの証拠であろう。
- ヨーロッパ各国（フランス・スペインなど）が173cmラインを超えたのは第二次世界大戦前後であり、1944年のアメリカ人男性の平均身長も173cmである。

ワークシート

なぜ伸びた？ 日本人の平均身長

年　　組　　番　氏名

問　　題	あなたの予想・考え	班　の　意　見
問1 平均身長が高いのはどの時代だろう？ 平均身長の資料を見て、平均身長の高い時代を書こう		
問2 なぜこの時代に平均身長が伸びたのだろう？ なぜ伸びていない時代があるのだろう		
考えてみよう 牛肉を食べているのに、牛肉をつくる仕事をしている人を差別する人がいることをどう思う？		

ボイス

- 日本人は農耕民族だから、あまり肉は食べていなかっただろうと思っていましたが、そうでもなかったということがわかりました。
- 肉食の時期と平均身長の関係については、本当に肉食によって身長が伸びたといえるのか、こじつけになっていないかよくわかってないところもあります。
- この内容の取り扱いでは身長が「高い」ということが是であり、低いのは非であるというようなメッセージにならないように気をつけることが大切だと思います。なぜ肉を食べることに忌避意識があったか、その意識の結果、差別が起こってきたことを紹介し、似たようなことが身近で行われていないか気づくような進め方をしたいです。
- 発展的には保健体育や、家庭科での取り扱いも可能だと思います。

中世
～Chusei～

ちがうものを排除する。理解できないものを差別する。そのような民衆意識があらわになる時代です。
よく知らないのに決め付けていることがあると気づける。
そのような授業にしたいものです。

08 "神の国 日本"に "神風"は吹いたか!?
～元寇～

鎌倉時代 ～KAMAKURA～

迫りたいテーマ
日本は神の国という選民思想～異なるものへの差別意識について

ねらい

①日本史上、初めての外国からの侵略だったことを知る。
②2回の戦いで、元の属国・高麗も疲弊し、また日本でも御家人が防塁造築、派兵などで疲弊、さらに元寇での戦費、御家人への恩賞不能が鎌倉幕府滅亡へのきっかけとなった歴史的事実を知る。
③元vs鎌倉幕府ではなく元・高麗・南宋・鎌倉幕府と4つの国が関わり、複数の国の思惑とたくさんの死傷者の中に、元（高麗）軍による非戦闘従事者を含む虐殺・残虐行為もあったことをもとに、戦争に正義はなく人権を侵すものであることを認識する。
④2回の蒙古襲来（元寇）では「神風」が吹いて元軍の船が沈み鎌倉幕府が勝利したと言われた。が、領土を得たわけではないので、御家人に十分な恩賞を与えることができなかった。「神風」を勝因としてかかげることで御家人の不満を浮き上がらせないようにした可能性がある。また、「神風」伝説は、近代国家の教育のなかで海外進出を国民に教唆するために、都合よく利用されてきた裏事情がある。それらをふまえて事実に迫る。

授業の流れ

時間	学 習 活 動	予想される子どもの反応	留意点・準備物
0分	○元の領土図・国書を見る。 Q1. 元のねらいは？ Q2. 国書は脅し？　仲良くしたい？ A1. ①南宋との分断 　　②高麗王の執拗な勧め A2. 脅しの文調であるが、「不宣」＝命令ではなく友好の書ともとれる。 ＊日本は金産出国だったという魅力的な事実もおさえる。	○日本と仲良くしたかった。 ○日本がほしかった。 ○脅しているように見える。	○元の領土の広大さに視点を向けさせる。 **資料①・②** ○手紙文最後の「不宣」が「命令ではありません」という意味であることにふれる。

時間	学 習 活 動	予想される子どもの反応	留意点・準備物
10分	○元の動きと幕府・朝廷の対応を知る。 ○文永の役について知る。		資料③〜⑥ ○「神風」の発想がどこから来たのかをおさえる。 ○壱岐対馬での元（高麗）軍による残虐行為の事実にふれる。
20分	○弘安の役について知る。		○御家人に割り当てて防塁を博多湾の海岸沿いに築いていたことを説明する。
30分	○ここでの神風とは何か。 Q3.「てつはう」って何だろう？ Q4. 絵から「てつはう」をさがそう		○台風による暴風雨 ○鎌倉武士にとって、火薬を使う「てつはう」は初めて見るものだった。発射すると中空で爆発し、その轟音と閃光はすさまじく、日本軍の人馬とも、肝をつぶしたという。 ○恩賞をもらう戦功の証のため、誇張して戦いを描いていること、後で加筆されていることにふれる。
35分	Q5. 日本に住んでいて、神様としゃべったことある人？→誰が日本を「神国」と言ったのかな？		資料⑦ ○「神風」「神国」意識がどのようにつくられていったかを説明する。 ○異国への差別意識醸成、神国思想と浄穢観念の結びつき、近代日本の国家論理に用いられたことを説明する。 ○幕府の事情・尋常小の教科書に表れる「神風」による勝利の言葉にふれる。
40分	Q6. どっちが正義？ どっちが強い？		資料⑧ ○戦争が、理由・戦い方を問わず、人権をおかす行為であることを確認する。

資料① 大蒙古国・国書

　天に守られている大蒙古国の皇帝から日本国王にこの手紙を送る。昔から国境が接している隣国同士は、たとえ小国であっても貿易や人の行き来など、互いに仲良くすることに努めてきた。まして、大蒙古皇帝は天からの命によって大領土を支配してきたものであり、はるか遠方の国々も、代々の皇帝を恐れうやまって家来になっている。
　たとえば私が皇帝になってからも、高麗（こうらい＝朝鮮）が蒙古に降伏して家来の国となり、私と王は父子の関係のようになり、喜ばしいこととなった。高麗は私の東の領土である。しかし、日本は昔から高麗と仲良くし、中国とも貿易していたにもかかわらず、一通の手紙を大蒙古皇帝に出すでもなく、国交をもとうとしないのはどういうわけか？　日本が我々のことを知らないとすると、困ったことなので、特に使いを送りこの国書を通じて私の気持ちを伝えよう。
　これから日本と大蒙古国とは、国と国の交わりをして仲良くしていこうではないか。我々はすべての国を一つの家と考えている、日本も我々を父と思うことである。このことが分からないと軍を送ることになるが、それは我々の好むところではない。日本国王はこの気持ちを良く良く考えて返事をしてほしい。不宣

　　　　　　　　　　　　　　　　　　　至元3年8月（1266年・文永3年）

　これが元（蒙古＝モンゴル）の皇帝「フビライ・ハーン」から日本に送られてきた蒙古の国書です。この中にもあるように蒙古は東は高麗・中国から西はヨーロッパまでを領土とする史上最大の国でした。

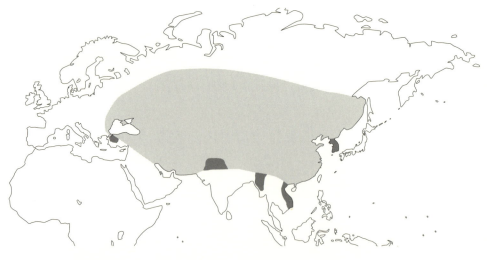

　　　□部分が蒙古の領土
　　　■の国が家来になった国（属国＝ぞっこく、といいます）
　　　※最大の時の地図です

資料②　当時の蒙古をめぐる状況とは

　当時の蒙古軍は短くて強力な弓と、よく動く馬で戦い、とても強かったのです。ところが高麗には三別抄（さんべつしょう）という抵抗組織（ていこうそしき）ができて、蒙古はこれをなかなか鎮圧（ちんあつ＝敵を負かしておさえること）することができませんでした。さらに宋（中国）は蒙古と戦うために北方の領土を捨て、南に退き「南宋」という国を作って大々的に蒙古に抵抗していました。こうした状況の中で、蒙古は高麗や宋を支配するためには日本も属国にする必要があったのです。国書には言うことを聞かないと「軍を送るぞ……」とおどしの言葉が入っています。

　しかし、最近の研究で「国書」は日本を属国にしようと脅しているのではなく、ただ国交を結ぼうと言っているにすぎないのではないか、とも言われるようになってきました。大帝国の蒙古が小国の日本に対して書いた国書にしては、ずいぶんと譲歩の言葉で書かれていることと、最後の「不宣」で「これは命令じゃないよ」と言い表しているからです。しかも最初の元寇である文永の役までに蒙古は四度も使者を日本に送っています（日本に来たのはそのうちの二度）。蒙古が他国を支配するときの例からすると、これは異例のことだとも言われています。蒙古は南宋と日本を分断して戦いを有利にしようとしていたにすぎず、属国とか支配することまで考えていなかったのではないかと言われるようになってきました。

　この間に蒙古は国の名を「元」にかえ、首都を現在の北京である大都に移しました。

（おまけの話）
　このころの日本は「金が出る国」と伝えられていました。実際に、日本は当時としては大量の金の産出国だったと言われています。ちなみに、「日本」という文字を中国の福建省では「ジップン」と発音します。この音を聞いたイタリアの商人マルコポーロが、イタリアに戻って書いた『東方見聞録』に「ジパング」と紹介しました。これが今日、日本のことをジャパンとかジャポン、ヤーパン、ハポンと呼ばれるもとになったのです。

資料①は、ホームページ「鎌倉時代の勉強をしよう」（制作・著作　玉川大学・玉川学園　協同：多賀歴史研究所　多賀譲治）の「元寇」（http://www.tamagawa.ac.jp/sisetu/kyouken/kamakura/genkou/index.html）より
資料②③は、同ホームページ「鎌倉時代の勉強をしよう」の「元寇」の一部に加筆して掲載

資料③　元寇と高麗

「蒙古襲来絵詞」（もうこしゅうらいえことば）とも「竹崎季長絵詞」（たけざきすえながえことば）とも呼ばれている最も貴重な資料です。肥後（熊本）の御家人「竹崎季長」は5人の郎党（家来）をつれて、元軍の中に突っ込んでいき、たちまち弓矢でうたれ、あやうく一命を落とすところでしたが、仲間の御家人白石通泰（しらいしみちやす）に助けられました。中空にさく裂するのは「てつはう」。この絵は季長自身が自分の働きぶりを記録に残すために絵師に描かせたものとされていますが、近年従来の学説をくつがえす研究があります。

元軍は鉦（かね）や太鼓の合図で全体が動く集団戦法で戦いました。また日本の弓の射程距離（しゃていきょり＝矢などの武器が飛んでいくはんい）が100メートルたらずなのに対して、元軍の弓は200メートルの射程距離がありました。しかもこの矢には毒がぬってあったようです。さらに「鉄砲」（てつはう）という「手榴弾」（しゅりゅうだん＝手で投げる爆弾）まで持っていました。日本の武士は「やあやあ我こそは……」と名乗りを上げているうちに弓が射られ、鉄砲が炸裂（さくれつ＝ばくはつ）してやられてしまいました。また戦功の証（あかし＝しょうこ）として敵の首を切り取っている間に討たれた武士も数多くいたようです。博多の町は逃げまどう市民で混乱し、多くの人が捕らえられたり殺されました。夜になると町のあちこちから火の手が上がっているのが見えたと記録にあります。戦いは一方的に元軍が優勢でした。

資料④　蒙古襲来＝元寇

元　の　ね　ら　い：南宋の根強い抵抗があり、交流がある日本と分断、または日本を属国にし、支配強化したい。
高麗王のねらい：高麗に元軍が留まることで政情不安な高麗内での自分の地位を守る目的で、日本への元軍派兵を執拗にフビライに進言。
日　本　の　対　応：1268年、元の国書が太宰府（九州）に届く → 幕府 → 朝廷へ。
　　　　　　　　　7カ月待たせて、無視する。そして幕府は西国の御家人に元軍襲来にそなえる命令を出す。元は、5回使者の派遣を試みるが、日本はすべて無視した。

資料⑤ 1274年 文永の役

　使者の帰国を機に、元は属国・高麗（＝朝鮮）に造船および日本へ出兵命令 → 高麗の出費大、生活苦・飢え死に
◇襲来状況：高麗船900隻で襲来（簡素な造り）、兵力4万人（元は2万人）
◇元軍損害：約200隻沈没、13,500人死亡
◇戦い方が違う

	日本の武士	元軍の兵士
弓矢	射程距離100m	射程距離200m 短い矢、馬上で便利、矢に毒塗布
他の武器		てつはう（手榴弾様のもの） 威嚇用だが馬が驚いて落馬する武士が多数。
戦い方	名乗りを上げて敵陣に斬り込む。1番先に斬り込む「先駆け」の手柄が第一だった。	鉦（かね）や太鼓の合図で全体が動く集団戦法。
逸話①	「やあやあ我こそは」と名乗りを上げている時に、弓矢が射られ、てつはうがさく裂し、討たれた武士多数。	
逸話②	戦功の証＝敵の首を切り取っている間に討たれた武士多数！	
逸話③	鏑矢（かぶらや＝音をたてて飛ぶ）を射ったら（日本では戦さのセレモニー）、元軍が笑った。	
逸話④	元軍はまず壱岐・対馬を制圧したが、男は皆殺し、妊婦の腹を割いて掻き出す、女たちの手に穴をあけ、縄を通して船にくくりつける、子ども200人を高麗王に差し出すなど虐殺行為などを行った記録が残っている。	

※壱岐・対馬での虐殺、女たちの手に穴をあけ縄で船につなぐなど残虐行為をはじめ、日本側に大きな被害。
※元軍は博多の町に火をつけて船に戻り、一夜を越す。しかし、朝海岸に出てみると静かな海上で、元軍の船は消え去っていた!?
※本格的に戦うつもりではなく、脅しをかけて様子をみる目的（元が使う戦法）だった。
※風向きを選んで帰る必要があったため、一斉にあわてて帰った。
※兵糧・兵士疲労など長期戦がムリだったうえに、船内で疫病発生。
※夜の間に暴風が吹き荒れた→「神風」か？……検証しよう！（資料⑦につながる）
※高麗の史実に「大嵐で多数の船が沈み、多数の兵が死傷」の記載あり！……元への体裁か？

資料⑥　1281年 弘安の役

1275年　再び元の使いが長門（山口県）へ来る……元は文永の役で負けたとは思っていなかった！
　　　　元への高麗の報告は、「嵐で被害、戦いは元の勝ち」だった。元の使者は日本で処刑され、さらし首（見せしめ）にされていた。これは、それまでの使者たちが日本滞在中にスパイ活動をしていたからである。
1279年　新たな使者を日本は博多で斬りすてる。このとき、元は前回の使者の処刑を知らなかった。

元の怒り、そして戦いの準備……
幕府は、九州全土と安芸の御家人に「異国征伐」準備および防塁築造命令を出す。
＊防塁……高さ2m、幅3m　海側は切り立ち、陸側はなだらかな斜面である。御家人ごとに割り当てられたので、石も守備位置も担当ごとに変わっていた。

◇襲来状況：東路軍＝高麗の船 900隻、　東路軍＝元、高麗　42,000人
　　　　　　江南軍＝南宋の船 3500隻、　江南軍＝南宋、ベトナム10万人
◇元軍損害：沈没船数　3500隻、　死亡者数　10万7,000人
◇戦　　況：台風の直撃を受け、元の900隻はそのまま逃げ帰る南宋船は全滅、死者多数
　　　　　　→「神風が吹いた」、「神の国」思想へ……検証しよう！（資料⑦につながる）
◇戦況の分析
　※防塁が築かれていたため元軍の上陸は阻まれ、海上待機せざるを得なかった。
　※属国の人々の船・兵士が大半であり、兵士の戦意が疑われる（殊に南宋は日本と交易をしていた）。
　※江南船団軍の合流が著しく遅れ、東路軍は長期博多沖で待たされた。
　※元は海の戦いに不慣れなため、江南軍と連携が取れない一方、日本は前回の経験より戦い方の違いを学んでおり、再三夜襲をかけた。
　※元軍の残兵を容赦なく斬首し集めた「首塚」がある。一方南宋兵の捕虜は生きて帰してあげた。
◇その後のエピソード：兵も船も大半が属国のもので元軍自体の被害はさほどではなく、3度目・4度目の派兵計画があった。→フビライの死で派兵計画取りやめとなった。（元の記録）

少弐資時（しょうにすけとき）公憤戦図
（壱岐神社所蔵）

資料⑦ 「神風」「神の国」の意識はどこから、なぜ？

① 1268年、元の使者が国書を届けたときに、朝廷は連日会議のうえ「返事をしない」という苦渋の結論を出したと同時に、元が「兵を送ってくる」ことを覚悟した。朝廷は諸国の大きな寺や神社に「元軍が来ないように」「来ても勝つように」祈禱させた。その結果、神風が大風・台風となって吹いてくれた。

② 当時の蒙古の描写は、角を生やし口から火を噴いていて鬼と同じように思われていた。異なるものへの視線が差別意識を生む。鬼に象徴する未知なものへの恐怖が、心理作用の中で更に恐怖を倍加させ、差別を助長している。高麗や蒙古に対する恐怖感を鬼として描き、神に守られている国として日本を位置づけることで恐怖をやわらげ、過度の神国観念を生み出す結果となった。

③ 神国思想は浄穢観念と結びつく。平安時代の『大槐秘抄（だいかいひしょう）』では、「高麗は神功皇后が征伐した国で、東国は日本武尊（やまとたける）が平定した地域」「高麗がそれを恨んでいるが、日本は神国なので周辺諸国はおそれている」「鎮西は高麗など敵国の人々が集まる場で、対馬の人など高麗に渡ることがあるが、好ましいことではないので、『制法』をもうけている」。このように、異国の人々への警戒感や渡海制限があった。これが、中世で意識の定着、近代で国家の論理の中で変容していったのではないか。

④ 神の戦いとしての元寇を描く。室町時代の幸若舞（曲舞）『百合若大臣』（傷ついた神々に代わり、神託を受けて蒙古征伐にたつ百合若秘話）では、百合若の祈願に感応した伊勢・住吉・鹿島諸神が「神風」を起こし、異国撃破する武勇談が語られる。

⑤ 御家人は恩賞があるからこそ必死で先駆けをし、敵の首を取って戦功をたてる。しかし蒙古襲来では新たな土地や財力を得たわけではなく、御家人に分け与える恩賞がなかった。幕府は「神風」を勝因として掲げることで、御家人の不満を浮き上がらせないよう利用したふしがある。

⑥ 教科書における「神国」「神兵」表現の定着：明治後期、1920（大正9）年以降近代において脱亜入欧をスローガンとした日本が、元寇を国難と位置づけることで、日本を東アジアから分離し、対外危機と愛国心の象徴として作用した。素朴な神仏への祈願が皮膚感覚として定着していた中世、その中で育まれた「神風」伝説は、近代日本の国家論理に明らかに違う意図を持って変容する。

＊プラスα　高麗の都合・元の野望・元軍（高麗兵）の残虐行為・日本の武士による首塚など、戦争に正当性がないこと、人権を踏みにじる行為であることを確認したい。

資料⑧ 「尋常小学国史教科書」引用

　元は支那を従え、その勢いで4万の兵を朝鮮半島からふたたび筑前に差し向け、博多に攻め寄せて来たが、竹崎季長（たけざきすえなが）らの勇士は、石塁にたてこもって防いだり、勇敢にも敵艦へ斬りこんだりして、大いにこれを苦しめた。別に支那から出した十万の大軍が、これといっしょになって、今にも攻め寄せて来ようとした。その時、にわかに神風が吹きおこって、敵艦の大部分は沈没し、おぼれて死ぬものは数えきれないくらいであった。（中略）
　世にこれを弘安の役というのである。元寇は日本史上はじめての大難であり、亀山上皇が伊勢神宮に祈禱に出向いたことや、執権　北条時宗が意を決し元と戦う方針を貫き、幕府・御家人　上から下まで国民が一体となって心を合わせて外敵を追い払った。

　この頃の教科書は国定教科書と言い、今のように教科書会社が作ったものを国が検定するというものではなく、政府がつくっていたので、政府の考えをそのまま教科書に載せることができた。

※1891（明治24）年の小学校教則大綱では、修身の教育で「尊王愛国ノ志気ヲ養ハンコト」を強調しているだけでなく、「日本歴史ハ本邦国体ノ大要ヲ知ラシメテ国民タルノ志操ヲ養フヲ以ッテ要旨トス」と書かれてある。歴史の教科書には、天皇の祖先が「日本という国」をひらいたことを強調し、天皇に忠義をつくした武将などをほめたたえる内容になっていた。

ボイス　この授業ネタをつくってみて〜歴史は壮大なドラマだ〜

- 福岡で生まれ育ち、通った高校の周りに「元寇防塁跡」という石垣や資料室が点在していましたが、私にとって特別な史跡の印象ではありませんでした。歴史を学ぶ上で「神風が吹いて元軍が攻めて来ることができなかったから、やられなかった」という言葉をどこかで記憶していて「なかった戦い」という理解でした。研究してみて「あーっ、戦ったんだ！」と驚いたくらいです。歴史はその一つひとつの場面がドラマだと思いますが、この元寇はその中でもスケールが壮大なドラマだと思います。しかし、当時の幕府がその大きさを把握していたとは思い難いです。巨大な国である元を相手に戦ったり、元からの使者への対応は、能天気と言ってもいいほど間が抜けていて、どうしてよいかわからずお茶を濁していた感が強くて失笑を誘います。
- ここでは部落問題学習そのものというより、平安時代からつながる、見えないもの、理解できないものへの「恐れ」概念や、「畏れ」や「不安」がいとも簡単に大きく膨らみ、疑心暗鬼に陥り、そのことが次に偏見や差別につながっていくという過程を検証するネタです。元からの使者を最終的に殺した幕府の愚行は、使者がスパイ活動をしていたという説もありますが、知りもしない朝鮮や中国、元の人を恐ろしい蛮人扱いする流言飛語が民衆の間にあったことなど（竹崎季長絵詞の元の人の表情にも表れていると言われている）からも、知らないことからくる差別を理解することにつながると思います。
- 元の領土の変遷（1206-1294年）の動画が公開されています。
https://www.youtube.com/watch?v=v_NPgMMazF4

09 「もののけ姫」から見える中世の民衆

室町時代 ~MUROMACHI~

~中世被差別民衆の姿~

迫りたいテーマ

中世の食事や市の様子をとおして、時代の先端を行く商工業者の活躍とその技術の高さ、技術を理解できず抱かれた恐れ、また、ハンセン病者が社会から排除され差別を受けてきたことについて

ねらい

①中世の食事や市の様子をとおして、商工業者の活躍について知る。
②被差別の立場の人々の生活の様子と、差別の厳しさについて知る。

授業の流れ

時間	学習活動	予想される子どもの反応	留意点・準備物
0分	○この時代は、どんな食事をしていたのでしょう。	○貴族はいいものを食べていた。	
	○ビデオを見て、気づいたことをメモしましょう。	○今といっしょのがある。	○「室町時代の食事」を見せる。
	○しょう油や味噌、かつおや昆布のだしといった和風の食事に欠かせないものは、この時代から広まっていったのです。	○それまで、何を食べていたのだろう。 ○けっこう、古い。	○この時代に「料理のさしすせそ」がそろったこともおさえる。
	○それでは、食事に必要な材料やその他の日用品は、どうやって手に入れたのでしょう。	○買った。 ○作った。	○「室町時代の食事」の写真を掲示する。
10分	○そのヒントが、当時の「市」にあります。当時の様子をよく表したものが、これです。どんな人が何を売っているか、よく見ましょう。	○見たことある。 ○女の人ばっかり。	○「もののけ姫」（市の場面）を見せる。 ○女性が社会でたくさん活躍していたことをおさえる。

時　間	学　習　活　動	予想される子どもの反応	留意点・準備物
25分	○資料を見て、何を売っているか考えましょう。 ○文化の発展には、こういった生活に欠かせないものを多く作った職人たちの活躍があるのです。 ○「もののけ姫」には欠かせない、大切な舞台があります。ここでは、何をつくっているでしょう。 ○鉄はとても労力のいる作業でできるものです。しかし、当時の人々は、自然のものを作り変えて作る技術を理解できないため、恐れを抱いていました。	○これは、鍋。 ○米を売ってる。 ○ノートに書く。 ○鉄かな。 ○お金かな。 ○みんなが使うものなのに。 ○ノートに書く。	○「福岡の市」（鎌倉時代の作品） ○板書し、ノートに書かせる。 ○「もののけ姫」 　（タタラ場の場面） ○本当は女人禁制で、もっと小さなたたらだったことをおさえる。 ○板書し、ノートに書かせる。
35分	○ところで、「ハンセン病」という言葉を聞いたことがありますか。 ○ハンセン病は、細菌による感染症です。顔や手足に症状が出るので、昔は人にうつる不治の病と言われていましたが、それは間違いです。しかし、最近まで法律で強制収容されて、社会に出ることさえ許されませんでした。偏見で相手の幸せや命といった権利を奪うことを、差別と言います。最後に、「もののけ姫」に出てくるハンセン病者の声から、当時の様子を考えて見ましょう。	○聞いたことない。 ○ニュースでやっていた。 ○ノートに書く。	 ○「踊念仏」を見せる。 ○差別のおかしさについて考えられているか見る。 ○「もののけ姫」（石火矢づくりの場面）を見せる。

資料

室町時代の食事、七十一番職人歌合、福岡の市・踊念仏（「一遍上人絵伝」より）、映画「もののけ姫」

「もののけ姫」を読み解く
http://www.yk.rim.or.jp/~rst/rabo/miyazaki/m_yomitoku.html

もののけ姫 Princess Mononoke
http://www.asahi-net.or.jp/~hn7y-mur/mononoke/index.htm

描かれた職人たち－絵に見る中世
http://www.museum.tokushima-ec.ed.jp/hasegawa/exhibition/shokunin.htm

小中学生のための学習教材の部屋 知識の泉
http://www7a.biglobe.ne.jp/~gakusyuu/rekisi/muromatikurasi.htm

ボ〜イス 「もののけ姫」から見える中世の民衆

●登場人物の中でいちばん興味を引いた「エボシ御前」。なぜ彼女はあれだけの独立都市をつくりあげることができたのでしょうか。タタラ場には、物資を運ぶ男たちとふいごを踏む「売られていた」女たち、また「秘密の場所」に収容されて石火矢をつくるハンセン病者たちが生活しています。あくまでも物語なのですが、厳密に時代考証すると、タタラ場や石火矢などは時代に合わないようです。しかし、それを補って十分なほど、登場人物のセリフからは、当時の被差別民衆がどのように社会から排除されていたかがよく伝わってきます。

「エボシ御前」は自然を破壊する頭領として描かれていますが、同時に、技術力や共同社会で被差別民衆を束ね、貴族や武士に対抗した先進的な存在でもあるのです。

ボ〜イス この授業を参観した教職員の意見・感想

●中世の食事や「もののけ姫」を、子どもたちは興味を持って見ていました。子どもたちにとって「鍛冶屋」のイメージが難しいのではないかと思いました。映画は「たたら製鉄」なので、鍛冶屋についてもう少しわかりやすく説明できるものか映像があればいいと思いました。

●授業に関しては、たくさんの資料に基づいているので、とてもわかりやすいと思いました。また鉄をつくる職人に対しての不思議な力を信じる気持ちも、今と対比することで、その当時の人々が恐れを持ったこと、そしてそれが「職人のムラに入ってはいけない」などの差別につながっていったことが、子どもたちにもよくわかったと思います。歴史から学ぶことって本当にたくさんあると感じた1時間でした。

10 見事な庭園――慈照寺銀閣
～中世の文化と被差別民衆～

室町時代 ～MUROMACHI～

迫りたいテーマ
見事な技術を発揮し、文化を高めた被差別民衆について

ねらい
① 民衆文化隆盛となり、武士・貴族に影響し、禅宗とも融合した一大文化の形成を知る。
② 人々の中に、文化技術は高く評価されたが、職業的賤視観を伴った被差別民が存在したことを知る。
③ 文化技術を持つ被差別民を、将軍・幕府・大名・寺社が庇護した事実を知る。
④ 技術を高く評価されていた被差別民の立場であった人たちの気持ちを考える。

授業の流れ

時間	学習活動	予想される子どもの反応	留意点・準備物
0分	1. 室町時代は民衆文化花盛り ○室町文化にどのようなものがあったのか学ぶ。 ○北山文化・東山文化とその特徴、銀閣造園を手がけた善阿弥を知る。	○金閣、銀閣の庭園はきれい。 ○どうやって造ったのだろう。	○鹿苑寺金閣の写真 ○慈照寺銀閣の写真
15分	2. 被差別民衆の知識・技術・芸術を知る。 ○被差別の立場におかれた雑業生活の人々の説明 ○雑業とはどんなものがあったか ○その知識・技術がどのような文化に現れているか ○ケガレ、キヨメとその職業・芸能の関連性 ○日常「河原など特定の場所に住み、雇用があると	○どうして差別されるの？	○現代では、技術や芸術性を認められている職業（染色、庭園づくり、能・狂言）や、地位を高く評価される職業（医者）が含まれている。 ○ケガレをキヨメるという、その時代の安心感の根幹をなす役割の人を、賤しい者として扱っていた矛盾。

見事な庭園――慈照寺銀閣〜中世の文化と被差別民衆〜

時　間	学　習　活　動	予想される子どもの反応	留意点・準備物
25分	仕事に従事 **資料** 　又四郎のつぶやきを読んで 質問1 　又四郎の言葉をどう思う？ 質問2 　鹿苑院住職・周麟はどのように考えて「又四郎こそ真の人間である」と言ったのだろうか。	○差別はだめ。 ○技術・芸術の優れた人を、人として優れているとして認めることがなかったのかな。 ○差別などせずに、きちんと人を見ている。	
35分	まとめ ○この時代から差別はあったが、身分は固定されていなかった。		
40分	○自分たちと違うということで仲間はずれにするということが身のまわりにないだろうか、ふりかえってみよう。		

又四郎のつぶやき・差別された人々のはたした役割

1. 室町時代は民衆文化花盛り！

時代背景：農業生産の高まり→商工業の発達→門前町、市場町、港町、城下町など「都市」が栄える
　　　　　＊堺、博多など守護大名に対抗できる自由な商工業都市の発生
　　　　　　定期市が開かれる、運送業「馬借」活動、寺社・領主に属する職人の独立
　　　　　　農業の合間の手工業→職人→特産物（織物、紙、酒、陶器、鍛冶）

特　　　徴：団結して自分の生活を守るたくましさ→集団の文化へ、武士・貴族に影響
　　　　　○祭り…猿楽・田楽、風流踊り、念仏踊り
　　　　　　猿楽・田楽は能楽（観阿弥・世阿弥）に発展し幕府の保護を受ける
　　　　　○狂言：武士、貴族を皮肉る民衆の気持ちを表現
　　　　　○寄り合いで連歌（二条良基〈よしもと〉、宗祇〈そうぎ〉）・茶の湯を催す
　　　　　○説教師（声聞師＝しょうもじ）、琵琶法師の語り
　　　　　○お伽草子：「一寸法師」「ものぐさ太郎」「浦島太郎」「酒呑童子」「羅城門」など
　　　　　○芸術・学問にすぐれた被差別民衆「同朋衆」が、将軍のそばでその技能を発揮
　　　　　○歴史書：「増鏡（ますかがみ）」「太平記」「梅松論」「神皇正統記（じんのうしょうとうき）」（北畠親房）

〈北山文化＆東山文化〉
北山文化：貴族文化＋武士が大切にした禅宗の影響
　　　　　足利義満　鹿苑寺金閣（寝殿造り＋唐様）……見事な庭園
東山文化：禅宗の強い影響、簡素で趣がある
　　　　　足利義政　慈照寺銀閣（書院造り＋唐様）……見事な庭園　善阿弥（ぜんあみ）
　　　　　　掛け軸・ふすまに水墨画……雪舟・雪村　狩野派（水墨画に大和絵）

2. 民衆文化を支えた被差別民衆の知識・技術・芸術

〈農業以外の雑業で生活する人々の存在〉
　　○流れ者、都市の河原・荘園の免税地・市場や寺社周りに住む
　　○職、居住地は自由に変われたので農民、商工業者、武士、僧、領主に召し抱えられる者など出入り自由だった
　　○領主の支配、年貢、使役の強制を嫌い、自由を求めた人々
　　＊雑業：行商、日雇い、手細工、庭づくり、念仏・勧進、祈り・うらない、歌・踊り、運送、警備、染色、清掃、医術・技術、宗教、芸能、斃牛馬の処理、囚人の警備・処刑など

〈被差別民衆の知識・技術・芸術が発展させた民衆文化〉
　　○「曲舞」「猿楽」（祝福芸能、キヨメの役割）：「声聞師＝しょうもじ」が宮中、神社、寺院で演芸
　　○猿楽・田楽 → 能（観阿弥、世阿弥）
　　○北野神社の焼失した梅の木の再生：「千本の赤」（河原者）＝掃除役として務める
　　○相国寺石庭、龍安寺、天竜寺、西芳寺、銀閣などの庭園：善阿弥、孫又四郎（山水河原者）
　　○水墨画：能阿弥、芸阿弥、相阿弥（河原者）
　　○花道：文阿弥（河原者）
　　○連歌：木阿弥、量阿弥（河原者）

又四郎のつぶやき

「私は、人々から差別される立場にあることを心から悲しいと思う。ゆえに、誓って生き物を殺さないようにしているし、決して物に対する欲も持たないようにしている」

この言葉を聞いた鹿苑院の住職、周麟は、「又四郎こそ真の人間である」と日記に書いた。

差別された人々のはたした役割

中世のころ（平安時代の終わりごろ～室町時代）の人々は、人間の生死や自然の変化など人間の力のおよばないことが起こることを、たいへんおそれる気持ちを持っていました。

ところが一方で、そうした人間の生死や自然にかかわって生活している人たちもいました。その人たちは、河原に住んで生活をしたり、決まった場所に住まず各地を回って、さまざまな仕事にたずさわったりしてくらしていました。

当時の人は、こうしたくらしをする人々を自分たちのおそれることにかかわることができる不思議な力を持つ人、自分たちとはちがうくらしをする人として見ていました。また、この人たちが住む河原も、人間の力の及ばない特別な場所と考えられていました。

そのため、こうした人々は、食事やつきあいなど日常の生活をいっしょにしないなど差別されていました。しかし、このころは、身分が固定されていなかったので、土地をもって定住すれば生活をかえることもできました。

こうした人々がになった仕事はさまざまですが、おもに次のようなものがあります。
①都市の清掃、葬儀などの、町を清める仕事
②屋根ふき、かべぬり、井戸ほり、石垣づくり、庭造りなどの自然に手を加える土木関係の仕事
③味噌や塩などの行商、皮革製造、鳥獣の肉や魚介の販売
④染色、竹細工、履物づくり、武具づくりなどの手工業
⑤運送、渡し船、飛脚などの交通関係の仕事
⑥護衛、刑罰などの下級役人の仕事
⑦猿楽、能楽、くぐつ（あやつり人形）などの芸能

（以上の資料2点は、外川正明『部落史に学ぶ』解放出版社 2001より）

まとめ

〈中世における差別とは……〉
「死に対する恐れや、自然に対する畏怖、そしてケガレ意識の存在があった。そして、そのキヨメにたずさわる人々への賤視があり、異質な人びとの排除という差別があった。
「自分たちと違うということで仲間はずれにすること」
「そうしたことは、自分たちの中にもある」
「仲間はずれにする理由は、何だっていいじゃないか」
しかし、ケガレ意識と「いじめ」は異なるものである。「異質の排除」というやり方が表面的に同様な形で表れるのである。

ボイス　銀閣寺へ行こう！

●冬のある日、銀閣寺を訪ねてみました。哲学の道の落ち着いたたたずまいは時の流れをいつもよりゆっくりと味わわせてくれます。いよいよ銀閣寺への坂道にさしかかると、そこは人がいっぱいで、両脇に店が並んだ通りを帰りは何を食べようかと目移りしながら人並みに押されるように登りました。拝観料を納め、いよいよ中へ。
あまりに有名な、庭から見る銀閣寺の建物ですが、そのわびさびをチラ見して庭園全体を眺めました。これが善阿弥がつくった名園なのか。池と樹木を配した庭だとばかり思っていたら、砂でつくられた空間もあり、違う風情を楽しむことができます。庭はそのまま山へと続き、人の手による庭と自然の山との調和が美しく、すべてが一体となり大きな庭が悠然と包み込んでくるように見えます。階段を上がり、山肌に生えた苔を見ながら進むと、苔の展示がされています。「銀閣寺の大切な苔」「ちょっと邪魔な苔」「とても邪魔な苔」と札があり、そこには何種類かずつの苔が紹介されていました。苔にこんなにたくさん種類があったなんて……。周りの地面をよく見ると確かに一帯に苔が広がりいろいろな種類が混じっていました。「銀閣寺の苔」は色も形もきれいで愛らしかったです。池の向こう側では松の枝の1本1本が庭師さんの手で丁寧に剪定されているのが見え、500年の歳月を越えて庭への思いが大事に引き継がれているのを感じました。このような芸術的な庭園の造園者が、民衆から差別を受ける立場にあったということが理解しづらい。科学・絵画・建築に秀でた人たちが被差別民だったんだよと聞いたら「え、なんで？」と思ってしまうだろうなと思います。
又四郎のつぶやきの授業では「優れた技術を持っているのに差別されるなんておかしい」という意見が子どもたちから出てくることがよくあります。そのような時こそ、「では優れた技術を持ってなかったら差別されてもいいのでしょうか？」と問い返したいものです。そして部落問題が職業起源説にならないように留意したいです。

11 ずるがしこい一寸法師
～中世の文化・お伽草子～

室町時代 ～MUROMACHI～

迫りたいテーマ
身分制度への庶民感情・障害者問題・男女共生

ねらい

① 当時の民衆に流行した「一寸法師」や「浦島太郎」の内容は、現在の子どもたちに親しまれているものと若干異なっている。中世の作品と現代の作品の相違点をあげることで、お伽草子から考える教訓や当時の社会観に気づく。

② 発展的なねらいとしては、打ち出の小槌で体を大きくして幸せになった一寸法師と、小さい体のまま幸せになったおやゆび姫（1836年 アンデルセン作品）を対比し、障害者問題に焦点化したい。

③ お伽草子は、近世では比較的裕福な家の女性が結婚する際に、「嫁入り道具」として持参していました。結婚する女性にとって、家事を連想させる針・お椀・箸の存在。男女共生に焦点化できる題材でもある。

授業の流れ

時 間	学 習 活 動	予想される子どもの反応	留意点・準備物
0分	○知っているおとぎ話の作品名を確認する。	○浦島太郎、桃太郎、一寸法師、かちかち山、かぐや姫、さるかに合戦……	○それぞれのストーリーも簡単に確認する。
10分	○室町時代の後期に発表された「一寸法師」を読んで、自分たちが知っている「一寸法師」との違いを探す。	○怨念を背負って旅に出る。 ○お姫様を自分のものにするために手段を選ばない一寸法師。 ○自分で自分に小槌を振る。	○現代語訳した「一寸法師」を読み合わせする。
20分	○コンプレックスを抱いている一寸法師が幸せになるために努力することについて、思ったことを発表する。	○背が低くても、社会が認めるべき。 ○身分の高い人と結婚するためには、相手の身分を下げるしかない。 ○お姫様に小槌を振ってもらわなかったのは、プライドが高いから。	○一寸法師はどのような気持ちで行動しているか、班ごとに相談する。

一寸法師（現代語訳したお伽草子「一寸法師」）

　昔、あるところに、お爺さんとお婆さんが住んでいました。ふたりは、長いあいだ子どもがほしいと願ってきましたが、なかなか子宝に恵まれませんでした。そこで、住吉大社にお参りしたところ、10か月ばかりあとに、かわいらしい男の子が生まれました。しかし、この子は、身の丈が指の先ほどしかありません。
　「そのうち大きくなるじゃろうて」
　お爺さんとお婆さんは、それでも子どもをかわいがって育てていましたが、12歳をすぎても背が少しも伸びず、生まれたときのままだったので、一寸法師と呼ばれるようになりました。
　小さな一寸法師は、近所の子どもたちからいじめられ、大人たちからも奇異の目で見られるようになりました。お爺さんとお婆さんは、肩身も狭いし、我が子ながら薄気味悪くもあったので、ある日、一寸法師を追い出すことにしたのです。
　「おまえ、うちを出ていってはくれんかね」
　一寸法師は、実の親にまでこうまで嫌われたかと、内心、歯がみして悔しがりました。そして、この怨みを晴らすためにどんな手段を使ってでも立身出世してみんなを見返してやろうと、ひとりで都に出る決心をしました。
　「それなら、おれに針を一本おくれよ。刀替わりに腰にさしていくから」
　それから、都に行くには船がいるので、お婆さんに船替わりのお椀（わん）と、櫂（かい）替わりのお箸をもらいました。そして振り返りもせずに故郷を捨てて、お椀の船で都へと上っていったのです。

　都につくと、一寸法師は立派なお屋敷を訪ねて玄関で叫びました。
　「頼もう、頼もう」
　邸の奥から出てきた人は、声はするのに人の姿が見えないので不思議に思いました。
　「はて、おかしいな。確かに声がしたんじゃが……」
　「ここじゃ、ここじゃ、足の下じゃ。その下駄で踏みつぶさんでくれよ」
　邸の者が足下を見ると、指先ほどの若者が立っていて、この邸に置いてくれ、というので、おもしろがって雇うことにしました。
　一寸法師は、この邸のお姫様に仕えることになりました。年ごろのお姫様ですが、こんなに小さな一寸法師なら、何の悪さもできないだろうとおもわれたからです。しかし、一寸法師は、この人もうらやむ美しい姫を一目見たときから、自分の妻にしてやろうと密かに目論んでいたのです。小さいながら、知恵の働く一寸法師は、お姫様にうまく取り入り、かわいがられるようになりました。
　ある日、お姫様がぐっすりと眠りこんでいるときに、一寸法師は故郷を旅立つときにお婆さんが持たせてくれた麦の粉を、お姫様の口の周りにべったりと塗りつけておきました。そして、
　「わしの麦の粉がなくなったぁ、なくなったぁぁ」
　と邸じゅうを泣いて、探し回るふりをしました。そこで、邸の者が探してみると、なんとお姫様の口の周りに粉がついているではありませんか。
　何の不自由なく育てたつもりだった主は、あまりの娘の意地汚さを嫌って、娘を怒

鳴りつけました。
「目下の者の貴重な食料を盗み食いするような、意地の汚い娘はうちには置いておけん。さっさと出ていけ」
　姫の父親は、怒りとなさけなさで泣きながら、姫を邸から追い出しました。それでも、心配だったのか、一寸法師をお供につけたのです。姫は、どうしてこんなことになったのか、わけもわからずにぼんやりしていました。一寸法師は心のなかで、ずっと姫といられるようになったのが嬉しく、計画通りだと、にんまりしていました。

　邸を出た一寸法師と姫君は、津の浦から難波に向かう船に乗りました。しかし、風が荒くて流れ着いたところは、人の気配もないような不気味な島でした。二人があたりのようすをうかがっていると、鬼が出てきて、美しい姫を見るなり、舌なめずりして襲いかかってきました。
「待て、姫には指一本触れさせぬ」
　一寸法師は、針の剣を抜いて立ちふさがりました。せっかくはかりごとをしてまで手に入れた姫を、ここで横から奪われてなるものか、と必死でした。といっても、あまりに小さいので、鬼の目には入りません。
　鬼は声の主を探してキョロキョロしましたが、やがて足下の一寸法師に気づくと、指でつまみあげてペロリと一口で飲みこんでしまいました。
　鬼の胃のなかに入った一寸法師は、小さな体を利用して、胃のなかで存分に暴れ回りました。
　針の剣で、ちくちく、ちくちく。そして、食道を伝って鬼の顔まで一気に駆け上がると、口から鼻から目から、神出鬼没に出入りして、ところかまわず斬りつけたのです。これにはさすがの鬼もたまりません。一寸法師を吐き出すと、頭やお腹をかかえて、一目散に逃げ去ってしまいました。
　鬼が去ったあとに残されたのは、ほしいものを何でも出すことができる、と噂に聞く「打ち出の小槌」です。一寸法師はそれに気づくと、これを略奪してしまうことに決め、まず一番に自分に向けて、
「背が大きくなあれ、大きくなあれ」
と唱えました。すると、するすると背丈が伸びて、どこから見ても普通の立派な若者になりました。
　一寸法師は唯一の弱点を克服してしまうと、その後、金銀の財宝、思いつくかぎりの宝を出しました。こうして財宝と身長を得た一寸法師は美しい姫とも結婚し、ついに野望を達成したのでした。

お伽草子の挿絵

ボイス　一寸法師ってどんなん？？？

●作者不詳の「一寸法師」は、文献資料にも若干の差異がありました。子どもの中には、一寸法師の概略を知らない子も多く、まず現在の絵本で語られている「一寸法師」のストーリーを説明する必要があるんだなぁと感じました。

12 情報戦──秀吉の天下統一
～本能寺の変～

戦国時代 ～SENGOKU～

迫りたいテーマ
情報の見極め、メディアリテラシー

ねらい
　明智光秀による謀反の事実よりも、なぜ「三日天下」となってしまったのかという点に焦点を当てる。豊臣秀吉が天下人となる布石は、本能寺の変の後に迅速な行動で後継をアピールしたことにある。秀吉の行動を追う中で、情報のコントロールがなされていたことに気づき、日常生活でも氾濫する情報に踊らされていないか考える。

授業の流れ

時間	学習活動	予想される子どもの反応	留意点・準備物
0分	○本能寺の変をめぐる動きのプリントに日付を記入し、感想を発表する。	○本能寺の変から山崎の戦いまで、たった12日間しかない。○秀吉は、どうやって短期間で戦争の準備をしたのだろう。	○日付を確認しながら、秀吉・光秀の動きも地図を見ながら補足する。
20分	○備中高松城での戦いを中断した秀吉が、多くの武将を味方につけるために送った手紙の内容を班で考える。	○豊臣方に味方したら、褒美を与える。○織田信長は生きている。○明智光秀は裏切り者だ。	○相手を説得する、影響力のある手紙の内容とはどのようなものか、身近な例を挙げてイメージを抱かせる。○日常生活で手にする情報が、すべて信頼できるものか、班で考えさせる。

資料
本能寺の変をめぐる動き（時系列の穴埋めプリント）

本能寺の変（1582年）

作業1　プリントの（　）に数字を入れなさい

（ 5 ）月（ 7 ）日
　織田信長は、四国の長宗我部氏を攻撃することを決める。部下の明智光秀は、長宗我部氏との交渉役となり織田勢のリーダーになれると思っていたがなれなかった。

（ 5 ）月（ 15 ）日
　織田信長は、山梨の武田氏をたおした徳川家康の接待を明智光秀に任せる。
　しかし、接待した内容について織田信長は明智光秀に激怒する。

（ 5 ）月（ 29 ）日
　織田信長が京都の本能寺に入る。

（ 6 ）月（ 1 ）日
　明智光秀は、岡山の備中高松城で戦っていた豊臣秀吉を応援するため1万3,000の大群を率いて亀岡の亀山城を出発。

（ 6 ）月（ 2 ）日
　明智光秀は、織田信長のいる本能寺を取り囲んで攻撃する。
　織田信長は、本能寺で自害する。

（ 6 ）月（ 3 ）日
　明智光秀は、全国の武将を味方に付けようと手紙を送る。
　そのうちの一通を豊臣秀吉が読んで、織田信長が死んだことを知る。
　秀吉は、全国の武将に「信長はまだ生きている」との手紙を送る。

（ 6 ）月（ 4 ）日
　備中高松城を攻撃していた豊臣秀吉は、戦いをすぐに中断する。
　明智光秀は、天下統一に向けて順調に動き始め、近江と美濃をおさめる。

（ 6 ）月（ 5 ）日
　明智光秀は、織田信長の城だった安土城に入り、城の財宝を部下に与える。
　豊臣秀吉は、暴風雨の中、東へ馬を走らせる。

（ 6 ）月（ 8 ）日
　豊臣秀吉が、姫路城に到着する。

（ 6 ）月（ 10 ）日
　明智光秀は、枚方あたりに陣を置き、有力な武将たちに味方につくように求めるが、断られてしまう。

(6)月(11)日
　豊臣秀吉が、尼崎に到着する。
　さらに、明智光秀の味方だった武将に秀吉の味方になって織田信長の仇を討とうと説得する。

(6)月(12)日
　豊臣秀吉は、天王山に陣を置いて明智光秀との戦いに備える。
　明智光秀は、戦いの準備をするのが遅れたため、秀吉の陣のある天王山から見渡せる位置である淀に陣を置くしかなかった。

(6)月(13)日
　豊臣秀吉軍3万5,000、明智光秀軍1万6,000で山崎の戦いが始まる。
　豊臣軍には、中国地方の毛利氏から借りてきた旗を立て、味方が多いようにして明智軍を混乱させた。
　明智光秀は、戦いに敗れ、退却する途中で何者かに殺されてしまう。

ボイス

- 情報の大切さから、現代の世の中に氾濫する情報をいかにうまく利用するかを考えさせることができれば、授業に広がりが生まれると思います。
- 本能寺の変については諸説あるので、授業時の最新の情報で行いたいです。変の理由についてはわかっていないところも多いですが、光秀と秀吉の動きについてはおおよそこの資料のようになっているので、地図に書き込みながら時系列に沿って学習するとわかりやすいです。

13 耳塚

～秀吉の朝鮮出兵～

戦国時代 ～SENGOKU～

迫りたいテーマ

大量虐殺・戦争が麻痺させる人のいのちの尊さ

ねらい

　戦功を証明するために、敵の首を取る。海外遠征では首を持ち帰るのに不便だから、代わりに耳や鼻を証拠とした。この耳や鼻が本当に敵兵のものであったのか。義兵として立ち上がった民衆の団結力に注目しながら、戦争について考える。

授業の流れ

時間	学習活動	予想される子どもの反応	留意点・準備物
0分	○全国統一を成し遂げた秀吉の次なる目的が、明の征服であったことをふまえ、朝鮮に出兵した理由を考える。	○日本から中国に遠征するには、朝鮮半島を経由するのが安全なルートである。（航海は危険）	○日本周辺の地図を描いて東アジアの位置関係を確認する。
15分	○朝鮮出兵が失敗した理由を考察し、義兵の戦いがどのようなものであったのか、資料から想像する。	○出兵が失敗した理由 　人数の差　武器の違い 　戦闘意欲　秀吉の死……	○義兵と呼ばれる人々が立ち上がった背景を、攻められた側の立場から考えさせる。
30分	○耳塚の資料を見て、敵の首を取ることと、耳や鼻を取ることとの違いを話し合う。	○耳塚とよばれていることから、敵の耳が埋められているはず。	○耳を取ることによって、虐殺の可能性があることに目を向けさせる。

資料

東萊府殉節図（トンネ）、耳塚の写真、日本に送付された鼻の数

中世 ～Chusei～

日本に送付された鼻の数

吉川軍と鍋島軍が日本に送った鼻
[1597年の40日間]

日　付	鼻　の　数
9月1日	480
不明	13127
4日	792
7日	358
9日	641
11日	437
13日	1551
17日	1245
21日	870
26日	10040
10月1日	3369
10月9日	3487
計	36397

（吉川家文書・鍋島家文書より）

東萊府殉節図

日本軍と闘う朝鮮の人たちが描かれている。
屋根の上から瓦を投げる女性も描かれている。

ボイス この授業を参観した教員の意見・感想

- 京都・七条にある「耳塚」というものを初めて知りました。「耳塚」の背景には、罪のない農民たちが大量に殺されていたということも、ショックでした。
- 授業の終盤で耳塚を扱うところで、子どもたちに深く考えさせるような展開をした方がいいと思いました。
- 首を取るという行為が、戦の中では当然の行為であったことを子どもたちに伝えることが前提で必要だと思いました。耳や鼻を奪った残虐な行為との印象だけが子どもたちの頭に残ってしまう可能性があります。
- 耳塚の学習ではねらいを「国際理解」におくとともに「平和」について考えさせる必要があると思います。「戦争にもルールがあることを気づかせる」ことをねらいにしてしまうと、戦争すること自体を肯定することにもなりかねません。やはり戦争ではなく話し合ったり、あらゆる国々と対等につきあうというのが、現代の平和を維持するための国際ルールだと思います。子どもたちには次のポイントについて考えさせたいと思います。

①耳や鼻をそぎとったのは朝鮮の一般人のものも含まれている。
②耳や鼻をそぎとったときには、腰にぶら下げた袋に入れるという、まさに数をこなすような虐殺行為だった。（当時の武将は敵方の首をとるときには、このようなことはしなかった）
③耳や鼻をそぎとったのは、秀吉の「皆殺令」「鼻斬令」があったからである。
④秀吉の命令に従ったものたちは「戦功」として軍目付に差し出した。
⑤明国は朝鮮に援軍を送ることで日本軍の侵略を免れた。日本は明征服を目的として出兵したが結果的に朝鮮を犠牲にすることになった。小国を犠牲にして自国の利益を守るという大国の論理がある。
⑥この戦争によって、朝鮮の人口の1/5が亡くなっている。
⑦朝鮮と日本は近い国である。

　とくに、侵略され、耳や鼻をそぎとられる側になってイメージしたら、とんでもなくおそろしいと思います。小国を犠牲にする大国の論理というのは、子どもには難しいかもしれませんが、長いものに巻かれるという集団心理は、教室の中でもときどき見られるのではないでしょうか。人口の1/5というのはかなりの数ですよね。クラスの人数に換算してみたらゾッとします。こんなことまでして、なんで秀吉は海外出兵したんでしょうか？おそらく力の論理があると思います。集団の中での力の論理。力で成り上がってきたものは、力を誇示しなければやっていけないんでしょうかね？　小学校高学年や中学生の子ども集団の論理にもあてはまったりするように思えます。また一般市民が、ただやられるがままだったのではなく、立ち上がり闘っていたというあたりは、子どもたちに気づかせるべきでしょう。歴史上の「有名な」人物が自分ひとりで事を成し遂げ、一般市民はなすがままだったみたいな捉え方をする子どもが多いですし、どの時代にも一般市民のくらしがあり、理不尽な物事に対しては怒りがわくし、仲間とともに闘ってきたのだというあたりを知ることは大切なことだと考えるからです。おかしいことはおかしいと言っていいんだよというメッセージを込めて授業を展開したいものです。そして、人を人とも思わなくなり麻痺してしまうのが戦争なんだということを考えさせたいですね。

近世
~Kinsei~

教科書を読み解く必要があるこの時代。
政治や文化を学ぶとき、民衆の動きや人の息づかいに着目する。
そのような授業にしたいものです。

14 城下町に見える身分制度

江戸時代 ～EDO～

～いくさと城下町～

迫りたいテーマ
近世の身分制度について

ねらい
①城下町の形成と経営（城下町と山村・漁村の交流）について理解する。
②身分・職業・居住地が固定されていったことを理解する。

授業の流れ

時間	学習活動	予想される子どもの反応	留意点・準備物
0分	○いくさに必要なものにはどんなものがあるかな。	○お金 ○食糧 ○武器 ○戦う人 ○ご飯を作る人が必要。 ○料理人がいなくても協力して作ったかも。	○道具だけではなく、人に着目させる。
	○武器はどうやって手に入れたのかな。	○武器屋で買った。 ○武器作りの職人に作らせた。	
5分	○武器にはどういったものがあるかな。	○刀 ○弓矢 ○火縄銃 ○よろい ○かぶと ○馬具もある。	○身を守るものにも着目させる。 ○この時代は職人に武器を作らせていました。戦いはすぐれた武器をつくる職人をどれだけ従えているかで決まったともいいます。
	○刀・弓矢・火縄銃をつくる人はどういう職人だろう。	○武器屋 ○刀職人 ○かじ屋	
	○よろい・かぶと・馬具などはどういう職人が作ったんだろう。	○よろい屋 ○皮職人	○よろい・馬具などが皮革でできていたことを知らせる。

78

時間	学習活動	予想される子どもの反応	留意点・準備物
15分	○戦国武将は、戦いに有利なように、お城をどういうところに建てたのだろう。 ○お城のそばにどのような人を住まわせたのだろう。	○攻められにくいところ。 ○武士 ○職人	○城はとりでとしての役割があり、守りやすく攻めにくい場所に建てられた。 ○城のそばには武士団を住まわせた。ここを武家町という。（板書）
20分	○江戸時代になって戦がなくなるとお城の役割が変わってきます。お城の主人の殿様は、城を中心に町をつくります。どのような人を住まわせたのだろう。 ○城下町の外側にはどのような人が住んでいたのだろう。	○職人 ○商売人 ○武士、町人以外の人 ○農民 ○漁師 ○猟師 ○さまざまな職人	○町が栄えるようにつくったことにふれる。 ○武家町の外側に内堀を掘り、その外側に商売人といった町人を住まわせました。ここを町人地という。町人地の外側に外堀を掘りました。この外堀の中が城下町。（板書） ○外堀の外側に農業や漁業その他さまざまな仕事に従事する百姓が住んだ。（板書） ○移り住んだ人もいるが、たいていはもともと暮らしていたところのそばに城下町ができ、その外側になっただけである。山・海・田畑などが仕事場であるから必然である。
30分	○このように堀をめぐらされてるから切り離されている感じがするけど、つねに人の行き来があったんだよ。たとえば田畑で作った作物は誰が食べるのかな？ ○武家町や城下町でも食べられるよね。つまり作物は堀の中に入ってくる。さて、食べられた後に出てくるものはどうなるだろう？ ○肥料として堀の外で使われる。	○百姓 ○武士 ○町人 ○みんな ○うんち ○肥料 ○行ったり来たりしている。	 ○矢印で示す。（板書） ○矢印で示す。（板書）
45分	○田畑で農作業に使われていた牛がケガや病気で使えなくなったら、その牛は処分	○皮職人	

近世 ～Kinsei～

城下町に見える身分制度～いくさと城下町～

時　間	学　習　活　動	予想される子どもの反応	留意点・準備物
	していました。そして牛の皮を使った道具を作っていました。作っていた人は？ ○つまり町人に皮は流れる。戦いがなくなってきたから武具はそんなに必要ない。皮職人はどんなものを作っていただろう。 ○太鼓は時を知らせたり、集合の合図だったり、儀式に使われていたんだよ。牛は農作業ができなくなっても人の暮らしに役立っていたんだね。堀の中でも外でも。住むところは決まっていても、人の行き来はあったということです。	○太鼓	
60分	○人びとが固まって住んでいるところが各地にある。それを部落あるいは集落あるいは村と呼ぶ。 ○江戸時代は、将軍・大名に支配され、身分が決められていました。武士の息子は武士、町人の息子は町人、百姓の息子は百姓で、女の子は同じ身分の人と結婚する。つまり親がどういう身分かで子どもの身分も、将来の仕事も自動的に決まった。もちろん仕事が決まれば住むところも決まっていきます。 ○そして、それぞれの身分に役負担というものがあった。 ○武士は軍役（兵役・軍事上の負担を負った） ○町人は冥加・運上（利益の一部を将軍・大名に納めた） ○百姓は年貢（田の年貢は米、	○今の税金みたいなやつ？	○町人と百姓のところに部落を図示 ○城に向かって矢印で図示

城下町に見える身分制度〜いくさと城下町〜

時 間	学 習 活 動	予想される子どもの反応	留意点・準備物
	畑の年貢は現物と金納）・夫役（労働で納めた課役） ○そのほかにも、城下町が完成し、町で平和に暮らせるようにするために必要な役もありました。なんだろう。 ○みんなの城下町を守るこの役は、どのように選ばれたのだろう。 ○同じ職人身分や百姓身分でありながら、このような御用を負わされた部落の中には、村の山や用水の取り扱い、村の行事への参加、着るものなどで差別されていた部落もありました。差別されていたという意味で、被差別部落とよびます。	○警察 ○それぞれの部落から代表を出した。 ○それぞれの部落が順番に当番でやった。 ○コンテストをやった。 ○選挙で選んだ。	○町奉行（警察と裁判所と市役所の仕事を兼ねていた）がおかれた。 ○知らないかもしれないが、遠山の金さんや大岡越前の話にふれる。 ○それぞれの部落から人が選ばれたり、順番で当番でやったのではなく、ある決まった部落にやらせたのです。そのような部落を役人村といいました。この仕事は御用といい、他の役負担とはちがって、どんな仕事があっても、この警察役の連絡があったら仕事を休んでいかなければなりませんでした。

近世〜Kinsei〜

板書計画

①
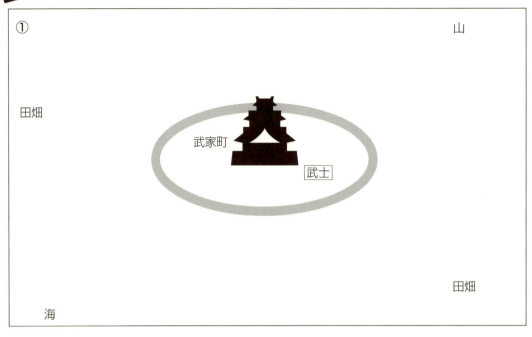

②
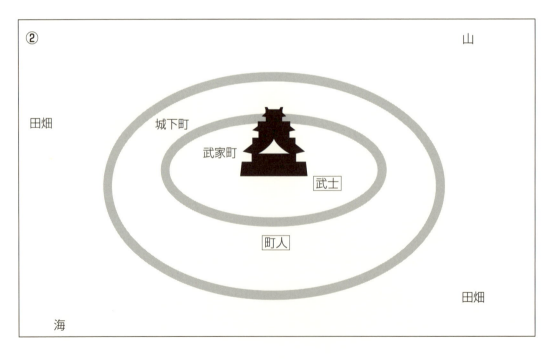

城下町に見える身分制度～いくさと城下町～

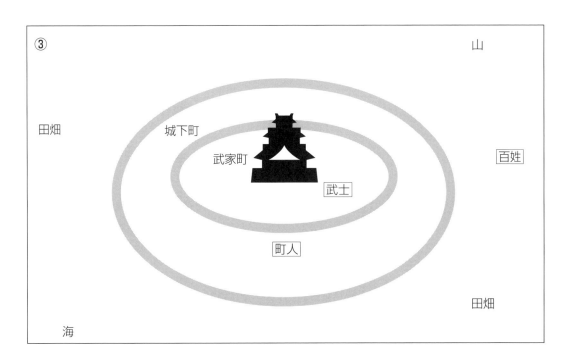

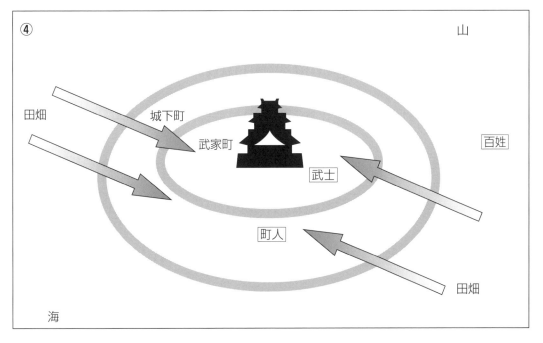

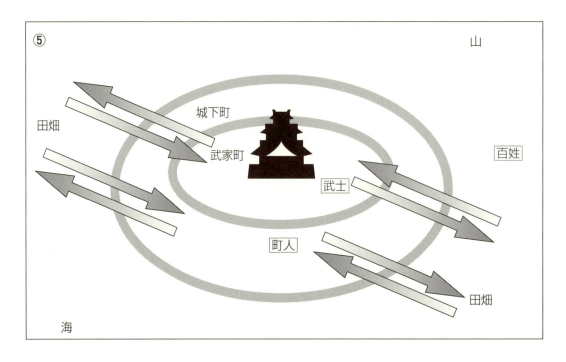
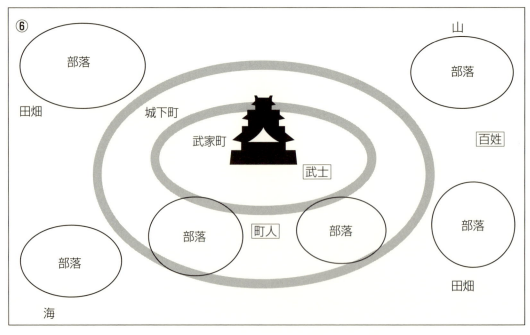

城下町に見える身分制度〜いくさと城下町〜

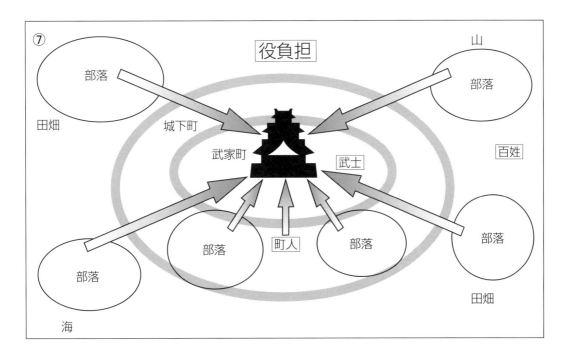

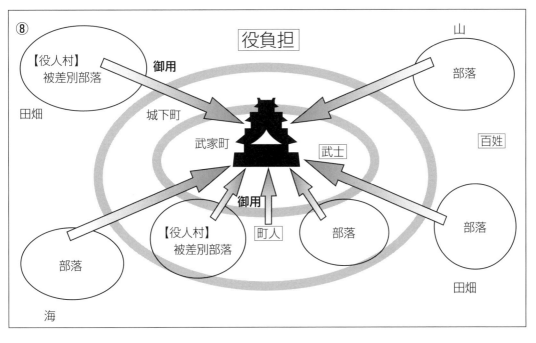

ボ〜イス

- 時間配分についてはだいぶ余裕を持たせています。
- 役人村を町人町に属させることなど、近年の部落史の研究成果をもとにつくりました。
- この授業は「城下町の形成」と「城下町の経営」という2つのテーマを扱います。
- 皮革職人が登場していますが、その材料となる皮はどこからくるのかという観点から、農村地帯の職人村との関連が生まれています。城下町の皮革集散地であるのちの「役人村」と農村地帯の「皮田村」との関連も展開に含めています。また、都市と農村の交流があったことも入れています。例えば米や皮革は農村から都市へ流れ、逆に都市から出た肥が農村で肥料になっています。人の流れも同時にあるわけで、都市と農村は切り離されたものではないことをおさえておくことが必要でしょう。
- この城下町の成り立ちは、全国の城下町に共通しているものではありません。各地独自の成り立ちがあります。
- 中世から生業としてきた仕事や技術を必要とした仕事の中に、その立地条件だからこそ続けられてきたものがあります。そして、近世になって職業と身分が結びつけられたことで、住む場所が固定されていきました。被差別部落の成り立ちを「職業起源説ではないが、職業と身分と居住地を固定させることになった政治起源説」と考え、それを子どもたちに説明するのにこの城下町の授業は視覚的に理解しやすいです。
- 中世で河原者の授業をしているのであれば、子どもたちが職業起源説でとらえている可能性があります。職業起源説のままの認識が職業差別へとつながらないようにしたいものです。また、差別が人だけでなく、土地・部落と結びつくことになった説明をするのに城下町の授業は効果的でもあります。

ここが変だよ！大名行列
～参勤交代～

江戸時代 ～EDO～

迫りたいテーマ
大名行列から見えてくる徳川の持つ権力の大きさと、大名たちのしたたかな知恵、また、当時の庶民や被差別民衆の仕事やたくましさについて

ねらい
①参勤交代の制度について知る。
②武士と庶民の関係や、当時の人々の暮らしの様子について知る。

授業の流れ

時間	学習活動	予想される子どもの反応	留意点・準備物
0分	○絵を見て、気づいたこと、思ったことを3つ書きましょう。	○長くつながっている。 ○どこに行くのか。 ○何のためなのか。	○「加賀藩大名行列図屏風」を見せる。
	○この行列の中心人物は、どこにいるでしょう。	○馬に乗っている人。 ○かごの中に乗っている人。	
	○この行列を大名行列といいます。今から、どこに向かうのでしょう。	○江戸に行く。 ○旅に出ている。	
10分	○一年おきに江戸と自分の領地を行き来するように、参勤交代の制度を定めました。一年おきに将軍にあいさつに来なさい、ということです。人質として、大名の妻や子どもを江戸に住まわせたりもしました。	○将軍って、勝手だな。 ○一緒にいられないのか。 ○人質って、ひどい。	○板書し、ノートに書かせる。
	○どんなものを持っていったのでしょう。	○箱、旅の荷物 ○鉄砲、やり	

近世 ～Kinsei～

時　間	学　習　活　動	予想される子どもの反応	留意点・準備物
15分	○この時代、一般の旅人は午前4時ごろに出発していたそうです。大名行列は、何時ごろに出発したでしょう。	○7時ごろ ○10時ごろ	○手を挙げさせる。
	○なぜ、こんなに早く出発したのでしょう。	○決められていたから。 ○涼しいから。	
20分	○当時、一番力を持った大名である金沢の前田氏は、約4000人を連れて、12泊で江戸まで行きました。全部でいくらかかったでしょう。	○1人あたり1泊…… ○1000万円ぐらい	○計算を促す。
	○宿泊費以外に、何に多くかかったでしょう。二つあります。	○着替え ○弁当	
	○一つは、将軍や役人へのお土産です。もう一つは、川を渡るときのお金です。なぜ、橋をかけなかったのでしょう。	○技術がなかったから。 ○川が大きすぎたから。	○お土産にたくさん費用がかかったこともおさえる。
	○当時、旅人を船で運ぶ仕事をしていた人々も差別されていました。そんな人々がいなければ、川を渡ることはできませんでした。他にもおかしい差別がいろいろあるので、また、考えていきましょう。	○ノートにまとめる ○差別するって、おかしいなー。	○板書し、ノートに書かせる。 ○仕事の大切さに、上下はないことをおさえる。 ○詳しいことは、後の民衆の姿の場面でおさえる。
	○教科書の絵には、何カ所か間違いがあります。探しましょう。	○農民が近すぎる。 ○馬に乗っていない人がいる。	
	○急がないといけないので、出発や到着などの決められたときだけ、きちんと整列しました。あとは、ひたすら急いでいました。	○バラバラのときもあったのか。 ○見られるときだけだ。	○一日に40kmも進んだことをおさえる。

ここが変だよ！大名行列〜参勤交代〜

時間	学 習 活 動	予想される子どもの反応	留意点・準備物
30分	○道で頭を下げて土下座しなければならないのは、将軍と御三家のときだけです。他の大名のときは、道のはしに寄るだけでよかったのです。	○上からのぞいてる人もいる。	○長い間土下座すると、仕事にならないことをおさえる。
	○お金がかかりすぎるから、後のほうでは、人や物をレンタルする大名もいたそうです。	○貸すところがあったのか。○何か、せこいな。	○大名の工夫についておさえる。
40分	○最後に問題です。途中で大名がトイレに行きたくなったら、どうしたでしょう。	○店を借りる。○かごから外にする。○みんなを止める。	○次の学習への興味をもたせる。
	○今日の感想を書きましょう。	○ノートに書く。	○しっかり学んだことを振り返っているか見る。

近世〜kinsei〜

加賀藩大名行列図屏風

加賀藩大名行列図屏風
https://www2.lib.kanazawa.ishikawa.jp/kinsei/daimyougyouretsu.jpg

江戸時代「大名行列」クイズ
http://sirius.la.coocan.jp/syakai/rekisi/gyouretu-quiz.htm

大名にとって参勤交代とは？
http://www2.ttcn.ne.jp/kazumatsu/sub222.htm

江戸なんでも工房
http://park5.wakwak.com/~toshkish/

ボイス　この授業を参観した教職員の意見・感想

- 「あの世とこの世を結ぶ」所と思われていた川の存在。その川で働く人を差別してしまうという人間のおかしさ、弱さあたりを子どもが感じとるような場面があってもよかったと思いました。
- 歴史の学習の中で、大人になっても忘れられない絵や写真がいろいろありますね。この「大名行列」の絵もその一つではないでしょうか。絵だけでは「あんなにつながってどうすんの？」という感じですが、そこから幕府と大名のせめぎ合いが見えてきます。莫大な費用をどうやって抑えることができたか。また、関わっているたくさんの人々はどんなことをしていたのか。そんな姿をクローズアップすることで、ただ金のかかる長旅として学ぶ授業ではなく、道中の息づかいが聞こえてくるような授業をつくることができたらいいですね。
- 加賀藩大名行列図屏風の絵は石川県立歴史博物館で入手可能です。
- 学習活動の問いの答えは、「参考にしたサイト」にあります。

16 人体の不思議

江戸時代 ~EDO~

~解体新書ができるまで~

迫りたいテーマ

被差別の人たちが生産労働に裏付けられた技術を持っていたことを示すと同時に、杉田玄白が被差別の人との共同作業によって、日本の医学の発展に貢献したこと

ねらい

①蘭学によって当時の医学観が大きく変わったことを知る。
②近代医学の発展に被差別の人が貢献したことを知る。

授業の流れ

時間	学習活動	予想される子どもの反応	留意点・準備物
0分	○江戸時代の人体図を見ながら、何であるのかを想像する。	○だんごみたい。 ○おでんの具みたい。 ○人の体の中に家がある。	資料① ○漢方の人体図を見ながら江戸時代の医学について想像できるようにする。
10分	○レンブラントの解剖の絵を見て、解剖の先生（医者）をさがす。 （まわりで見ている人はどんな人かも考える）	○やっぱり解剖している人だと思う。 ○本をもって見ている人じゃないかな。 ○まわりの人は弟子かな。 ○まわりの人は学生だ。	資料② ○人体のつくりは医者が解剖することでわかってきたことに気づかせる。 ○まわりの人も医者である。
15分	○杉田玄白はどの人かを話し合う。	○ヨーロッパでも医者が解剖していたんだから、杉田玄白は解剖している人だ。 ○医者じゃないと解剖できないから、杉田玄白は解剖している人だ。 ○見ている人が杉田玄白かもしれない。	資料③ ○自分の考えと、どうしてその人にしたのか、理由も書かせる。 ○どの人が杉田玄白かを話し合わせる。

近世 ~Kinsei~

時　間	学　習　活　動	予想される子どもの反応	留意点・準備物
25分	○小塚原の刑場での解剖の様子を見て、2人の人物がどのような気持ちでいるか、考える。	○人の体ってこうなっているんかぁ。 ○うわぁ。すごいなぁ。 ○この人は人の体のことを何でも知っているなぁ。	○腑分けの意味を説明し、腑分けが当時の社会でどのような扱いを受けたかについて気づかせる。
40分	○解剖しているのはどんな人かを出し合う。	○武士 ○杉田玄白の先生 ○役人	**資料④** ○解剖をしているのは当時差別されていた人である。
45分	○この解剖の結果、『解体新書』が出版されたことを知る。		**資料⑤⑥** ○医者でも知らないことを知っていた人たちの高い技術のおかげで、『解体新書』が出版され、医学の発展に貢献した。

①漢方の人体図

(ア)

(イ)

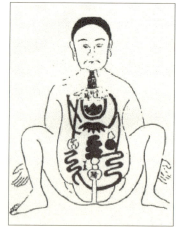

②ヨーロッパの解剖

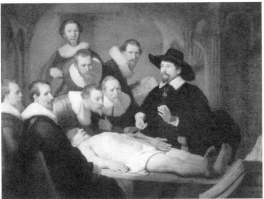

レンブラント作「テュルプ博士の解剖学講義」

③小塚原の腑分け

ターヘル・アナトミア

【腑分け】
・20〜30年に一度という頻度。
・小塚原の腑分けでは、大罪を犯した人が腑分けされた。
・それまでは、見に来た人たちは遠巻きに腑分けを見るのみで、間近に見ることはなかった。

④蘭学事始（一部）

　その日、みんなで連れだって人体解剖の場へ出かけた。解剖については差別される身分の虎松（とらまつ）というものが、たくみな技術をもっていると聞いたので、かねてから約束しておいた。ところが、この日、虎松が急に病気になったとのことで、その祖父、年齢は90歳という老人がかわりにやってきた。すこやかな老人であった。彼は若いときから、解剖は数回おこなったことがあるという。

⑤ 『ターヘル・アナトミア』翻訳に関するエピソード

☆「まゆ」について
　「眉（ウエインブラーウ）というものは目の上に生じたる毛なりとあるやうなる一句も、彷彿として、長き春の一日には明らめられず、日暮るるまで考へ詰め、互ひににらみ合ひて、僅か一二寸ばかりの文章、一行も解し得ることならぬことにてありしなり」（『蘭学事始』）
→「まゆ毛とは目の上に生えている毛である」というのに1日ではわからず、2日考えぬいた。

☆「鼻」について
　「鼻のところにて、フルヘッヘンドせしものなりとあるに至りしに、この語わからず。……フルヘッヘンドの釈註に、木の枝を断ち去れば、その跡フルヘッヘンドをなし、また庭を掃除すれば、その塵土（じんど）集まりフルヘッヘンドすというやうに読み出だせり。……木の枝を断（き）りたる跡癒ゆれば堆（うずたか）くなり、また掃除して塵土集まればこれも堆くなるなり」（『蘭学事始』）
→「木の枝を切ったらフルヘッヘンドする。あるいは庭を掃除したらフルヘッヘンドする。鼻とどういう関係にあるのか考えあった。そして、どちらも『うずたかくなる』ことが共通していることに気づいた。だから、鼻は顔の中で堆くなっているものということがわかった」

☆神経について→1カ月考えてもわからなかった。
　（結局、翻訳には4年近くかかった）

⑥ 『ターヘル・アナトミア』

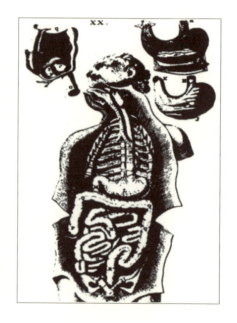

ボイス

解体新書で大切にしたいこと

『解体新書』では、一方で「えた」身分の人たちが生産労働に裏付けられた技術を持っていたことを示すことができると同時に、杉田玄白という被差別身分ではない人が、腑分けという共同作業をすることによって、日本の医学を前進させることに大きく貢献したことも感じることができます。教科書でも取り上げられている題材であるだけに、これを活用することはとても重要だと思います。(『部落問題学習の授業ネター5歳から18歳でやってみよう』〈解放出版社 2009年〉に関連するネタあり)

みんなで人体図をつくってみよう！

以前、『解体新書』の授業を行ったときには、人型の模造紙を用意し、内臓をはりつけ、正確な人体図をつくることの難しさを実感させることを行いました。6年生1学期の理科の授業で、「ヒトの体」について学習しているため、ある程度はできるのですが、腎臓や膵臓などはなかなかわからないようで、子どもたちはゲーム感覚で楽しく取り組んでいました。そして、江戸時代の医療に思いをはせることができました。

『解体新書』のフィールドワーク！

東京の小塚原刑場跡など、『解体新書』にゆかりのある場所を見に行きました。小塚原の刑場跡や千住回向院など、大阪からでも日帰りで回れるので、『解体新書』にまつわる場所に行ってみて、当時の解剖に思いをはせることもおもしろいと思います。

レポート

日本の人体解剖とケガレ意識

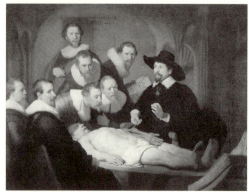

レンブラント作「テュルプ博士の解剖学講義」1632年

杉田玄白

『ターヘル・アナトミア』

近代医学の夜明け

　現代の医学の基礎と位置づけられる人体解剖。ギリシャでは紀元前から行われていました。左のレンブラントの絵は300年以上前のものです。医者によって人体解剖が行われ、それを芸術家が描いているのです。日本では人体解剖の歴史は浅く、近世18世紀のことです。近代医学の夜明けと言われる『解体新書』の刊行は1774（安永3）年でした。オランダの人体解剖書『ターヘル・アナトミア』を杉田玄白と前野良沢が翻訳したのです。

　前野良沢は長崎に遊学したときにオランダ語の書物を手に入れました。そのなかに『ターヘル・アナトミア』があったのです。杉田玄白はオランダ人に随行してきた通訳から『ターヘル・アナトミア』を譲り受けていました。お互いに同書同版の『ターヘル・アナトミア』を持っていたことを知り、二人は「これ誠に奇遇なりとて、互ひに手をうちて感ぜり」と感動しています。しかし、それまでは漢方の医書が信じられていましたから、似ても似つかぬ『ターヘル・アナトミア』の人体図を見て、「心中いかにや」と思ったと玄白は記しています。

　そしてその直後、千住の小塚原刑場で人体解剖（当時は腑分けとよびました）が行われることを聞き、見学することになったのです。腑分けの様子は、『蘭学事始』原文と訳を読んでいただければ、おおよそイメージできると思います。『蘭学事始』には翻訳するのがたいへんだったことが書かれてあり、訳せたときの喜びは「何にたとへんかたもなく、連城の玉をも得し心地せり」と記しています。少々オーバーな記述を玄白がしていることを差し引いても、さぞうれしかったことでしょう。

　玄白たちは翻訳作業中、通訳に聞きただしたりもしていますし、何度か腑分けも見ているようです。人体の部位とことばを結びつけ訳すためには、どうしてもたびたび確認する必要があったからでしょう。また、獣畜の解剖もたびたびしたと書いてあります。しかし玄白たちは自らの手で腑分けを行いませんでした。実際に行ったのは被差別民でした。人間の内臓を縦から横にしてイメージしてみてください。牛みたいに胃が4つあるよ

うな場合を除いて、人間の内臓と牛や馬などの内臓の構造は大差ありません。何度も牛や馬を処理してきた被差別民にとっては、それは見慣れたものだったでしょう。人間の内臓を部位の名前も含めて説明できたのは、被差別民にとって容易なことだったと思います。内臓に名前が書かれてあるはずがないのですから、部位ごとに示してくれた被差別民の存在は玄白たちにとって大きかったでしょう。

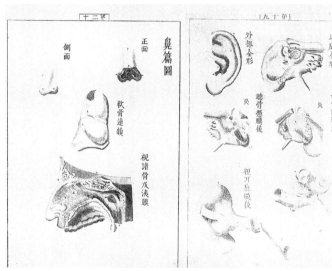

『解体新書』（耳篇図・鼻篇図）

　当時、被差別民以外は動物の解体をすることはありませんでした。人体解剖もそうでした。動物の解体、人体解剖、いずれもケガレると考えられていたのです。しかしこのケガレを信じるのなら、病気になったときに祈禱やまじないで治そうとしたはずです。ところがそういうときには、ふだん死穢に接している職業でもある（当時は被差別民だった）医師を呼び、煎じた薬を飲ませていました。このケガレ意識のもとになったと思われるのが平安初期に成立した触穢の制度です。

触穢の制度
　「延喜式」臨時祭によって、それぞれに忌の期間が決められていました。延喜式というのは、905（延喜5）年に醍醐天皇が藤原時平らに命じて編さんさせた、律令法の規定を運用するための施行細則です。
　それによると、死穢と血穢について細かく決められています。人の死は、葬儀の日から数えて30日が忌中とされていました。出産での忌の期間もあり、7日間が忌中でした。六畜（牛、馬、羊、犬、鶏、猪）に関しての場合は、死は5日で、産は3日。ただし鶏の産については、毎日卵をうむので含まれません。また、肉を食したときは3日の忌でした。
　ケガレは、人と接触することによっても発生することが書かれていました。ある人物Ａさんにケガレが発生したとき、ＢさんがＡさんに接触すると、Ｂさんやその同居人もケガレとなり

ます。BさんにCさんが接触した場合は、Cさんはケガレとなりますが、その同居人はケガレとはなりません。しかし、BさんがCさんのところに赴いた場合は、Cさんも同居人もケガレとなります。そしてCさんのところにDさんが赴いてもケガレとはなりません。このようにケガレについて細かく決められていた制度によって、死体や埋葬に会った人は、官庁や警護の場や侍従所に来て席についてはならないとされていたのです。

都は疫病や飢饉などの災害に見舞われないように触穢をおそれ、キヨメによってケガレを除去しようとしました。この触穢の制度は、なんと1873（明治6）年まで続きました。

浄穢と貴賤

ケガレは貴賤とは別の概念です。ケガレているかどうかは、エライとか豊かとか貧しいとかではありません。金銭を蓄え、権力を手にしていてもケガレるのですから。ケガレは人を選びません。ですからよけいに権力者はケガレを恐れました。自分の地位や権力をケガレによって失いたくなかったのです。

制度としては平安初期の延喜式から始まっていますが、それ以前に大王（天皇）や神社が死穢や血穢を周辺から遠ざけました。これは「ケガレの政治化」です。ケガレと政治が結びついたのです。また垣根で居住空間を囲み、片方を浄とし片方を穢としました。これは「ケガレの空間化」です。ないものをあるようにしていったのです。実体化してしまったのです。墓域を設けて死穢を封じ込めたりしていきました。神社の周りが囲まれているのはこういうところからです。こうして権力者がケガレの侵入を恐れ、浄穢と貴賤とが絡み合っていきました。

ケガレ意識と差別

ケガレが人に固定化されると対人関係において差別が生じ、職業や血縁、地縁などと結び付けられるようになると被差別民の存在が固定化され、差別（部落差別）へとつながっていきます。近世の権力はそれを制度として身分固定していきました。近世の身分政策は、職業の選択・居住地の移動を認めない→「役負担」を課する→居住地の強制的移転という流れで行われていきました。17世紀後半には身分政策がほぼ完成します。さまざまな部落が何度も強制移転させられ、城から遠ざけられ市外へと移動させられました。もともと市街地に住んでいた人たちが「役人」の仕事を強制され、市街地へと隔離させられ被差別部落民として固定されていったのでした。

18世紀に入り、産業の発展とともに階層分化が進んで、身分制度がしだいにゆるみ始めます。すると幕府や藩は法令を強化して制度を維持しようとします。身分を越えた結婚も見られていたのに、結婚を禁止したり暮らしに関する細かい法令なども増えていきました。杉田玄白たちによる腑分けが行われたのは、こういった時代でした。

『蘭学事始』

　これより各々打連れ立ちて、骨ケ原の設け置きし観臓の場へ至れり。さて、腑分のことは、えたの虎松といへるもの、このことに巧者のよしにて、かねて約し置きしよし。この日もその者に刀を下さすべしと定めたるに、その日、その者俄かに病気のよしにて、その祖父なりといふ老屠、齢九十歳なりといへる者、代りとして出でたり。健やかなる老者なりき。彼奴は、若きより腑分は度々手にかけ、数人を解きたりと語りぬ。その日より前迄の腑分といへるは、えたに任せ、彼が某所をさして肺なりと教へ、これは肝なり、腎なりと切り分け示せりとなり。それを行き視し人々看過して帰り、われわれは直に内景を見究めしなどいひしまでのことにてありしとなり。もとより臓腑にその名の書き記しあるものならねば、屠者の指し示すを視て落着せしこと、その頃までのならひなるよしなり。その日もかの老屠がかれのこれのと指し示し、心、肝、胆、胃の外にその名のなきものをさし、名は知らねども、おのれ若きより数人を手にかけ解き分けしに、何れの腹内を見てもここにかやうの物あり、かしこにこの物ありと示し見せたり。図によりて考ふれば、後に分明を得し動血脈の二幹また小腎などにてありたり。老屠また曰く、只今まで腑分のたびにその医師がたに品々をさし示したれども、誰一人某は何、此は何々なりと疑はれ候御方もなかりしといへり。良沢と相ともに携へ行きし和蘭図に照らし合せ見しに、一としてその図に聊か違ふことなき品々なり。古来医経に説きたるところの、肺の六葉両耳、肝の左三葉右四葉などいへる分ちもなく、腸胃の位置形状も大いに古説と異なり。官医岡田養仙老、藤本立

『蘭学事始』（訳）

　それぞれに連れ立って、骨が原の予定されている腑分けの場所へ着いた。腑分けは虎松という者が上手だというので、以前から約束しておいた。この日もこの者に執刀させることに決めていたが、その日急に病気との理由で、その祖父にあたる老人で、年は90歳だという者が代わりに出てきた。元気そうな老人であった。彼は若いときから腑分けをたびたび手がけ、数人はやったことがあると語った。それまでの腑分けというのは、差別された人まかせで、部位を指しながら、これは肺です、これは肝臓、これが腎臓ですと、切り開いて見せるのだった。それを見に行った人々は、ただ見ただけで帰ってたのに、私たちは直接に内臓を見きわめたと言っていただけのことのようだ。そもそも内臓にその名が書き記してあるわけではないので、彼らがさし示すものを見て「ああそうか」と納得するというのが、そのころまでのならわしだったようだ。その日も、この老人がいろいろあれこれと指し示して、心臓・肝臓・胆嚢・胃、その他にも名のついていないものを指して、これの名は知りませんが、自分が若いときから手がけた数人のどの腹の中を見ても、ここにこのようなものがあり、あそこにこんなものがありますといって見せた。図と照らし合わせて考えれば、あとではっきりわかったのだが、動脈と静脈との2本の幹や、副腎などだった。老人はまた、今まで腑分けのたびに医者にいろいろ指し示したけれども、誰一人それは何、これは何と疑われたお方はありませんと言った。良沢とともに携えていったオランダ図解に照らし合わせてみると、一つとして違うところがなかった。漢方の医学書に説明されて

泉老などはその頃まで七八度も腑分し給ひしよしなれども、みな千古の説と違ひしゆゑ、毎度毎度疑惑して不審開けず。その度々異状と見えしものを写し置かれ、つらつら思へば華夷人物違ひありやなど著述せられし書を見たることもありしは、これがためなるべし。さて、その日の解剖こと終り、とてものことに骨骸の形も見るべしと、刑場に野ざらしになりし骨どもを拾ひとりて、かずかず見しに、これまた旧説とは相違にして、ただ和蘭図に差へるところなきに、みな人驚嘆せるのみなり。

その日の刑屍は、五十歳ばかりの老婦にて、大罪を犯せし者のよし。もと京都生れにて、あだ名を青茶婆と呼ばれしものとぞ。

帰路は、良沢、淳庵と、翁と、三人同行なり。途中にて語り合ひしは、さてさて今日の実験、一々驚き入る。且つこれまで心付かざるは恥づべきことなり。苟くも医の業を以て互ひに主君主君に仕ふる身にして、その術の基本とすべき吾人の形態の真形をも知らず、今まで一日一日とこの業を勤め来りしは面目もなき次第なり。なにとぞ、この実験に基づき、大凡にも身体の真理を弁へて医をなさば、この業を以て天地間に身を立つるの申訳もあるべしと、共々嘆息せり。良沢もげに尤も千万、同情のこととなりと感じぬ。その時、翁、申せしは、何とぞこのターヘル・アナトミアの一部、新たに翻訳せば、身体内外のこと分明を得、今日治療の上の大益あるべし、いかにもして通詞等の手をからず、読み分けたきもの

いる肺の「六葉両耳」の形や、肝臓の「左三葉右四葉」などという別々になっているものもなく、腸・胃の位置や形状も古説とは大きく異なっていた。官医の岡田養仙さんや藤本立泉さんなどは、その頃までに7、8度も腑分けをされたようだが、みな昔の説と違ったので毎回疑惑をもち、わからずじまいだったらしい。異なるものが見える度に写し書き留め、いろいろと考えた結果、中国の人とは違いがあるのだと結論づけた書物もあったのは、このためである。その日の解剖が終わって、骨格の形も見ようと刑場に野ざらしになっていた骨を拾い、数々見たが、これも旧説とは違って、オランダの図説と違うところがないのにみな驚いた。

この日に処刑された死体は、50歳くらいの女で、大罪を犯した者だそうである。京都の生まれで、あだ名を青茶婆と呼ばれたという。

帰り路は、良沢と淳庵と私と3人がいっしょだった。途中で語り合ったのは、「さて、今日の実地検分は、いちいち驚いた。またこれまで気がつかなかったことが恥ずかしい。いやしくも医業で互いに主君に仕える身でありながら、その基本である我々の身体の本当の構造も知らずに、今まで一日一日、医業を勤めてきたのは、面目ないしだいだ。なんとかして、今日の実地検分に基づいて、おおよそでも身体の本当のことをわきまえて医業をなせば、この業で身を立てていることの申し訳にもなるだろう」こう言って、ともどもにため息をついた。良沢も「実にもっとも、同感である」と感じた。その時、私は「このターヘル・アナトミアの一部を新たに翻訳すれば身体の内外のことが明らかになり、今日の治療

なりと語りしに、良沢曰く、予は年来蘭書読み出だしたきの宿願あれど、これに志を同じうするの良友なし。常々これを慨き思ふのみにて日を送れり。各々がたいよいよこれを欲し給はば、われ前の年長崎へもゆき、蘭語も少々は記憶し居れり。それを種としてともども読みかかるべしやといひけるを聞き、それは先づ喜ばしきことなり、同志にて力を致せ給はらば、憤然として志を立て一精出し見申さんと答へたり。良沢これを聞き、悦喜斜めならず。然らば善はいそげといへる俗諺もあり、直に明日私宅へ会し給へかし、如何やうにも工夫あるべしと、深く契約して、その日は各々宿所宿所へ別れ帰りたり。

のために大きな利益をもたらすにちがいない。どうにか通訳などの手を借りずに訳したい」と話した。すると良沢が「わたしはこれまで、オランダの書物を読みたいと願っていたが、志を同じくする仲間がいなかった。常々このことを歎いて日を送っていた。各々方がこれを訳したいというなら、私は以前、長崎へ行ってオランダ語も少々記憶している。それをとっかかりとして翻訳にかかりましょう」と、たいへん喜ばしいことを言ってくれた。私は「同志として力を合わせれば、憤然として志を立て、精を出して取り組もう」と答えた。良沢もこれを聞き、とても喜んだ。そこで善は急げということわざにもあるように、すぐに明日、どのようなことがあっても私の家で集まりましょうと約束し、その日は各々帰っていった。

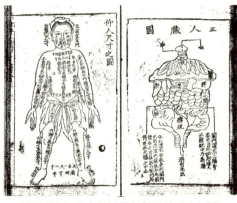
近世に使われていた漢方医学書「医経大旨」の人体図

解体新書

解体新書

千住回向院と、あの腑分け

小塚原刑場

回向院の碑

　江戸の刑場は場所を転々としています。徳川家康が江戸に入った1590（天正18）年当時は、浅草鳥越明神のそばにあったそうですし、その後、浅草今戸橋に移り、さらに小塚原へ移っています。その時期は必ずしも明確ではありませんが、1651（慶安4）年の慶安事件でブレーンだった丸橋忠弥らがここで処刑されたとされています。

　回向院そのものは本所にあり、身元不明の行き倒れ人や刑死者を弔っていましたが、だんだん埋める土地がなくなり、1667（寛文7）年に小塚原の刑場を拝領、そこに埋めることになりました。今もある地蔵尊は、刑死者を弔うために建立され、俗に「首切り地蔵」と呼ばれています。

玄白・虎松・その祖父

観臓記念碑

　1771（明和8）年、今の回向院の場所で腑分けが行われ、それを杉田玄白、前野良沢らが見学しました。

　この見学のようすやその前後の動きは『蘭学事始』が唯一の資料です。別の資料がないために裏付けがとれません。杉田玄白という人は文章のうまい人でそれに引きずられて、事実が少しねじまがっている感があります。

　たとえばオランダ語の辞書もなく試行錯誤を繰り返し翻訳を行ったという苦労話など、かなりオーバーなようです。実際には辞書もありましたし、それほど暗中模索という感じではなかったようです。

　『蘭学事始』の虎松の祖父のようすを表している文章「齢九十歳なりといへる者、代りとして出でたり。健やかなる老者なりき」の健やかなるという言葉に立ち止まって、差別意識はあまりなかったんじゃないかと子どもたちに考えさせる授業をする方がいると聞きます。当時の平均寿命などから考えて、90歳のおじいさんが小刀で切り分けること自体が珍しいことであり、玄白が健やかなると書いたのはもっともなことだと思われます。差別意識と結びつけて考えないほうがいいでしょう。

　刑場の雑役は弾左衛門の管理下で行われますので「エタ」身分の職務というふうに理解されていますが、実際の作業は「非人」がおこなっていました。実際、幕末に行われた腑分けでは「非人」が執刀しています。そうしたことから考えて、虎松もその祖父も「エタ」身分ではなく「非人」だったのではないかと考えています。しかし、それを具体的に示す資料はありません。

腑分けについて

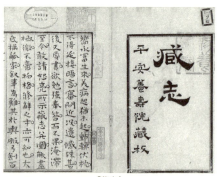

『蔵志』

日本最初の観臓は?

　杉田玄白たちが腑分けに立ち会ったのは、厳密には解剖ではなく見学でした。日本人医師による公式の人体解剖は、1859（安政6）年9月に長崎で行われました。軍医として派遣されていたオランダ人医師のポンペの要請で、海軍伝習所の御用医師松本良順らが参加したのです。

　さて、日本での人体解剖は、蘭方医から始まったような印象を受けるかもしれませんが、そうではありません。日本最初の観臓（解剖して内臓を観て確認すること）は、1754（宝暦4）年閏2月7日に行われました。京都の六角獄舎で山脇東洋（禁裏侍医・漢方医）が日本最初の官許による観臓を行ったのです。このときの様子を山脇東洋は『蔵志』に記しています。腑分けを行った人を「屠者（としゃ）」と記し、その熟練した技術を称賛しています。同時に『蔵志』の文面などから「屠者」が被差別民であることも解釈できます。

　山脇東洋は『蔵志』で、自分の医業を賤なりと表現しています。やはりこの時代では、そのような感覚にならざるを得ない状況があったのでしょう。

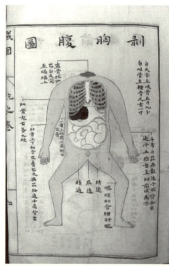

『蔵志』

内臓は中国の人とはちがう？　男女でちがう？

　『蘭学事始』にも書かれてありますが、岡田養仙（幕府侍医）や藤本立泉（小石川養生所医員）は、杉田玄白が観臓するころまでに7、8度腑分けをしています。しかし、西洋医学書を用いながらの腑分けではありませんでした。ですから内臓が漢方の図とはちがっても、中国の人とはちがうのだと結論づけるしかなかったのでしょう。

　漢方医である萩の栗山孝庵（萩藩医）は、日本で最初に女性死体の観臓を行いました。孝庵は、まず1758（宝暦8）年3月26日、萩城下の手洗川（盥川）刑場で同僚の熊野玄宿らとともに観臓をしました。斬首になった盗賊吉衛門の死体を、萩藩からもらい受けてのことでした。その翌年6月21日に、萩城下の大屋刑場で女性死体の観臓を行っています。その女性は、夫に密通を咎められ傷害を負わせた罪で斬首された者で、藩からもらい受けたのでした。この時の腑分け・観臓のようすを栗山孝庵は細かく記してあります。「胸から執刀していきました。乳頭、脂肪、乳腺、肋骨、背骨、気管、食道……」そして、それまで男性と女性の内臓は左右が逆になっていると思われていましたが、そうではないことが確かめられました。

「穢子」による腑分け

孝庵の観臓を記した文書には、「穢子」が腑分けをし、約100名の医療関係者が注目する中で腑分けは行われたと記されています。ちなみに「穢子」の子の解釈は子どもという意味ではなく、○○氏や○○さんの意味と解釈していいようです。

それまでの腑分けを「穢子」が多く行っていたことや、胆嚢を薬としていたことについても記述されています（ただし孝庵は、この胆嚢でつくられた薬を試しても効果がなかったと記しています）。この死体の女性が入獄されてからどのようになったか、その経過について「穢子」が詳しく知っていることから、「穢子」が獄舎でも働いていたり、何らか関わっていたことがわかります。この観臓の際に山脇東洋の『蔵志』と、長崎で購入した人体解剖図が用いられています。杉田玄白の腑分け見学よりも10年以上前に、資料と照らし合わせながら、このような作業が行われていたのでした。

また、この腑分けが細部に及んでうまくいかなくなったとき、「穢子」に代わって田英仙という長崎出身の外科医が腑分けを引き継いで行ったということも記されていて、「穢子」と外科医との共同作業であったことが書かれています。この共同作業というのもたいへん重要なポイントでしょう。

大屋刑場跡の地蔵と腑分之跡碑

医療と被差別民との関わり

ここでこの時代の医療と被差別民との関わりについて考えてみましょう。「長州藩御仕置帳抜粋」に被差別民が医者をしている記述があります。これは1737（元文2）年の記述です。その後の文書にも「えた医者」の記述が出てきますので、その存在は明らかです。藩のお抱え医者などではなく「地下医」（在村のいわゆる村医者のこと）になることは身分上それほど厳しくなかったようです。ほかにも各地の研究から、江戸中期頃から被差別民によっても医療行為が担われていたことは実証されています。

被差別民に医療従事者がいたことは、医業を志す環境があったことを想定させます。また当時の文書から広島藩には苗字を名乗る「えた医者」がいたことや、藩外にもネットワークをもっていたこともわかっています。

被差別部落の人たちのネットワーク

　近世に、被差別部落のネットワーク化は、鹿児島から会津あたりまでの各藩で進行しました。それは産業上の必要があったからです。かつて皮革はアジアからも入ってきていました。ところが、鎖国の影響で問屋のストックがなくなり、慢性的に不足します。よい皮革をとるためには、斃牛馬の確保から解体するまでにスピードが必要です。したがって、どこどこに斃牛馬がいるといった情報がすぐ伝わるネットワーク、とくに農家での斃牛馬を無駄にせず収拾するシステムが必要だったのです。それが牛馬捨場の整備や被差別部落のネットワーク化へとつながったのでした。

医者は解剖しなかったのか？

　実は、医者が自らの手で人体解剖をしたという事実が明らかになっています。1769（明和6）年、古河藩医の河口信任は、京都所司代古河藩主土井利里の許可を得て、首一級と首無し屍体二体をもらい受け、西土手仕置場で頭部を含む人体解剖をおこなっています。それまでの解剖は打ち首の刑屍ばかりで、頭部の中を調べることができなかったのです。

　信任は、その成果を『解屍編』にまとめています。当時、医者が解剖することは本当にめずらしく、タブー視されていたようです。そのことが理由かどうかはわかりませんが、信任と相談しあって藩主に解剖を願い出た原田維祺は『解屍編』に名を載せることを拒否しました。『解屍編』は、医者自ら執刀しているので、山脇東洋の『蔵志』よりも詳しく記述されています。

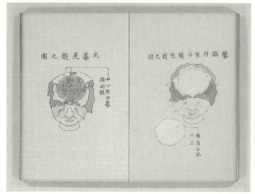 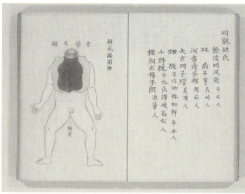

『解屍編』　とくに頭部と眼球について詳しく記されている

玄白と被差別民との距離
　杉田玄白、栗山孝庵、山脇東洋のいずれも腑分けした被差別民の記し方はちがえど、その技術を評価し、それを認知した上で観臓を行っています。彼らにケガレ意識・差別意識があったなら、被差別民と会話しながら観臓できたでしょうか。技能を称賛したでしょうか。玄白たちが差別を乗り越えていたかどうかについてはわかりませんが、次のことは言えるのではないでしょうか。
- ●西洋医学書の人体図が正確だったこと
- ●医療従事者も差別される立場だったこと
- ●被差別民に医療従事者がいたこと
- ●動物の解体を通し、すぐれた技術を持っていた被差別民が腑分けにその技術と知識を生かしたこと

　この腑分けによって玄白たちは、人体について知ることができ、『解体新書』を著すことになり、それが医療の進歩へとつながっていったことは、まちがいのないことでしょう。
　さて、腑分けにたずさわった人たちのこの事実から、私たちは何を学ぶことができるでしょうか。玄白たちと被差別民との距離の近さは、差別を乗り越えたかどうかはともかく、共同作業だったことをイメージさせます。しかし、あくまで執刀したのは被差別民だったのです。玄白たちは自らの手で腑分けを行うことはしなかったのです。やらなかったのでしょうか。できなかったのでしょうか。

おわりに

　ケガレという、ないものをまるであるかのように実体化させることと、人に部落民というラベルを貼り差別することは同じことではないしょうか。近世は医者に命を救ってもらいながら、その医者を差別する、そんな時代でした。現代に生きる私たちはどうでしょうか。差別というのは人間関係において利害が絡んだときに生起します。私たちは相手との関係において、自分の存在を次のパターンで証明しようとすることがあります。
①印象操作
　自分の立場が相手より低いとされているとき、「そうではないよ」となりすましたり、自分の立場を隠そうとする。
②補償努力
　相手との対比で100のうち50しか自分が持っていなかったら、残り50を補おうとする。
③他者の価値剥奪
　相手の悪口を言ったりして相手を引きずり落とすことで、自分の価値を引き上げようとする。
④新たな価値の創造
　価値観そのものを変えていくことで、自らの大切さを見直そうとする。

差別は人がつくり出すものです。人との関係性において生起するものです。ですから人によって必ずなくすことができるはずです。私たち教職員は、部落差別をなくすことができるという展望と確信をもってとりくみたいと思います。そして、部落差別をはじめ人権問題を解決していく主体者は、被差別当事者なのではなく、すべての人、一人ひとりなんだというメッセージを伝えていきたいと思います。私たちの仕事は、差別をなくすことができる仕事なんですから。未来をつくる仕事なんですから。

【参考文献】
杉田玄白　　　　『蘭学事始』
上杉　聡　　　　『これでわかった！部落の歴史―私のダイガク講座』解放出版社 2004
塩見鮮一郎　　　『脱イデオロギーの部落史 呪縛が解けて歴史が見える…』にんげん出版 2005
寺木伸明・野口道彦編　　『部落問題論への招待―資料と解説 第2版』解放出版社 2006
中尾健次　　　　『人物でつづる被差別民の歴史』部落解放・人権研究所 2004
忍克比古　　　　「栗山孝庵の観臓と被差別民衆の腑分け」『アファーマティブやまぐち21』第4号
　　　　　　　　アファーマティブやまぐち21刊行委員会刊 1999

【参考意見】
中尾健次

17 ウナギの災難──土用の丑
～平賀源内と六曜～

江戸時代 ～EDO～

迫りたいテーマ
迷信をちょっと疑ってみよう（部落差別と迷信に基づく慣習）

ねらい

私たちは、慣わしやしきたりがあるから人に挨拶することができる。人が悲しんでいるときに、どのような仕草をすればいいかといったようなことを、慣わしやしきたりの中で学んでいる。慣わしやしきたりは人と人の結びつきをつくっているといってもいい。慣わしやしきたりをなくそうというのではなく、差別的なものは見直し、人と人を結びつける慣わしやしきたりが広がることを展望する。

授業の流れ

時間	学習活動	予想される子どもの反応	留意点・準備物
0分	○カレンダーを見てみよう。何が書かれてあるかな。	○曜日 ○日にち ○大安とか ○干支みたいなの	○使わなくなった数種類のカレンダーを用意する。
5分	○7月に土用ってあるよね。 ○何でウナギの日なんだろう。	○ウナギの日 ○スタミナをつけるため ○夏バテしないため	○7月に着目する。
	○土用と平賀源内の話をする。	○かなりこじつけてるなぁ。 ○そんなことやったのかな。 ○ウナギかわいそうかも。	○話の内容は子どもたちの実態に合わせてする。
15分	○土用のほかにも、大安とか仏滅っていうのもカレンダーに書いてあるね。これは何だろう。	○お葬式とか結婚式に関係あるって聞いたことがある。	

近世 ～Kinsei～

時間	学　習　活　動	予想される子どもの反応	留意点・準備物
20分	○六曜の話をする。	○すごく勝手に決めてる。 ○みんなふりまわされている。	
30分	○ふりまわされていると言えば、みなさんもそういうことってないかな。	○血液型 ○星占い	
35分	○占いや迷信の話をする。		
40分	○1966年の出生数グラフを見て考えよう。		○出生数グラフはインターネットサイトにある。 ○迷信によって生まれてこなかった命もあるという。

①平賀源内と土用の丑、②六曜の話、③占いや迷信の話

資料① 平賀源内と土用の丑

　土用の丑にどうしてうなぎを食べるのか知っていましたか？　知らないのに、何となくうなぎを食べてる人の多いこと。うなぎも災難です。夏の土用の丑の日にうなぎを食べる習慣ができたのは、江戸幕末の学者平賀源内が、夏場にうなぎが売れないので何とかしたいと近所のうなぎ屋に相談されたことがきっかけです。今日うなぎを食べると良いという意味で「本日土用丑の日」という看板を店先に出したのです。そしたら大繁盛しちゃって、それ以来夏の土用の丑の日にうなぎを食べる習慣が広まっていったのです。

　では、土用の丑の日って何か知ってますか？　これは、古い時代の中国から伝わった陰陽五行説（ごぎょうせつ）に由来します。五行説では、天地間のすべてのできごとは、木火土金水（もっかどこんすい）の5つの要素からなり、その盛衰・消長などによって定まると考えます。たとえば、夏は火の要素があるから暑いといったように。五行説はもともと太陽系の5惑星から考え出されたもので、科学的根拠はありません。四季もこれに当てはめようとしました。春を木、夏を火、秋を金、冬を水に対応させたまではよかったのですが、土が余ってしまいました。これでは都合が悪いので、春夏秋冬からそれぞれ終わりの18日を削り、合計72日を土の分として割り当てちゃったというわけです。これすなわち土用です。だから土用は夏だけではなく、春、秋、冬にもあるんです。

　現在は，太陽黄経がそれぞれ27度、117度、207度、297度に達した日を土用の入りの日とし、立夏、立秋、立冬、立春の前日までを土用としています。そのため、それぞれの土用の日数は必ずしも18日ではなく、19日のこともあります。何となく科学的にこじつけてるという感じでしょ。

　丑の日は、子丑寅卯……の十二支を1日ごとに割り当てていくだけのものなので、12日ごとに回ってきます。だから、夏の土用の間に、丑の日が1回だけの年と、2回まわってくる年があります。

　うなぎは太平洋南方の海で孵化し、冬から春にかけて海を泳いで日本の近海や川にやってきます。この幼魚（シラスうなぎ）を養殖して食用うなぎとするのです。ですから養殖といったって、もともとはるか遠い海から旅をしてやってきてるのです。それをわけのわからん土用の丑という日にパクパク食べているということになります。

資料② 六曜の話

　カレンダーには五行説やえととともに六曜というのが載っているものがあります。大安に結婚式を挙げたり、友引の葬儀を避けたりする人がいます。あの六曜ってどうやって決まってるか知ってますか？　六曜は単に旧暦の月日の数字で割り振られているだけなんです。たとえば、旧暦の3月4日は（3＋4）÷6＝1余り1で赤口となります。旧暦の10月の19日は（10＋19）÷6＝4余り5で仏滅となります。つまり、この余りの数字で割りあてられているのです。余り0＝大安、余り2＝先勝、余り3＝友引、余り4＝先負です。

　カレンダーで6日で一巡してない場合がありますが、それは旧暦で月が変わっているのです。そんなことなん？って感じでしょうが、この六曜が始まったきっかけが、これまたおもしろいんです。1872年11月9日、明治政府は太陰暦から太陽暦に改める布告を出しました。ところが、実際の改暦までの期間がたった1カ月しかなかったんです。年末だったので、すでに翌年のカレンダーは印刷済み。紙クズ同然です。大騒ぎになりましたが、これを断行しなければならない事情が政府にはあったのです。政府は、深刻な財政問題を抱えていました。太陰暦では翌年はうるう年で、うるう月が入るため1年が13カ月となっていたのです。役人の給与は年棒制から月給制に改められた後なので、13回給与を支払わなければなりません。そこで太陽暦に切り替えることにしたのです。また、この年の12月は新旧の差からたった2日しかないので、この月の月給を支払わないことにして2カ月分浮かしたのです。そして、たくさんの人がこの機にカレンダー業界に参入しました。そこでカレンダー業者は何か付加価値を付けなくてはならなくなりました。そこで、六曜をあたかも釈迦の入滅（死）との関係や宗教的意味があるかのような表現に変えて売ったのです。文明開化を推進した明治政府にとっては、このような科学的根拠のないものは否定すべき対象となります。

　明治政府は、六曜など「日の吉凶」に関する暦を「人知ノ開達ヲ妨クルモノ」と、使用を禁止しました。しかし、130年以上たっても六曜迷信は生き続けています。大安の結婚式場の賑やかなこと。
（『部落問題学習の授業ネタ―5歳から18歳でやってみよう』〈解放出版社 2009年〉に関連するネタあり）

資料③ 占いや迷信の話

　六曜だけではなく、暮らしの中には科学的根拠のない占いや迷信がたくさんあります。血液型・方角・家相・墓相……。これらが何となく受け入れられ、慣習として生き残っていることと、慣習としての差別の存在は共通するものがあります。血液型でのタイプ分けなんて、必ずしも当たってないぞということがあるはずです。A型とO型なんて絶対数が多いから、何となくあてはまってるだけなのではないでしょうか。

　慣習はたいてい刷り込みによってつくられていきます。とても感覚的なものですから、「科学的根拠がないということはわかるが、やっておかないと気持ち悪い……」みたいなことになってしまっています。そして、そういった慣習が存在することによって利益を得る者もいます。「昔から、みんなが、今も」そうしているから身元調査をする者がいます。ならわしやしきたりに、無自覚な人がいます。被差別部落の人たちはケガレているから、差別されるようになったという人が今もいます。迷信を信じること、捨てきれずにいることと、あらゆる差別を温存助長していることはつながっているように思います。お葬式の後、清めの塩をまく慣習がある地域があります。あの慣習は、浄穢（じょうえ）という差別的観念を温存しています。ケガレを祓う（はらう）必要があるのです。仏教の葬儀儀礼には本来、清め塩はありません。清めるからにはケガレがあるわけで、ケガレているのは死者ということになりますよね。そのケガレた者と同じ空間にいたから、参列したものもケガレていると。仏教の世界では生と死を一つのものと教えています。葬儀は亡き人を通して自らの生を学ぶ場であり、死をケガレとすることはないのだそうです。死にまつわる迷信に見られるケガレ意識は、中世以降、牛馬の処理など死にかかわる役目を担ってきた被差別民への差別意識と、根底でつながっています。

　ならわしやしきたりに潜在する差別・偏見、そして合理的な根拠のないものごとを見抜いていきたいものです。そしてそれらをなくしていく努力をしたいものです。朝の占いで一喜一憂してしまうこともありますが。

　迷信を信じたがゆえに、生まれるべき子どもたちが生まれてこなかったということもあります。丙午（ひのえうま）年まれの女は気性が激しく、男を食い殺すなどという迷信ゆえに妊娠を避けた結果、1966年の出生数は前年の25％減でした。死産率は例年より15％も高くなったのです。この国で一斉にバースコントロールされたことを意味しています。迷信によってお腹の中の命が奪われていったのです。

　生まれたときにここに生まれた人はセーフだけど、ここに生まれたらダメだというのは差別です。この年に生まれようとこの月日に生まれようと、ここの家に生まれようとこの住所に生まれようと、いつでもどこでもいいはずです。生まれる前から地図を見たりカレンダーをめくったり、時計を見て、親を見て、選んで生まれてくる赤ちゃんなんていないのです。

人生の節目で部落問題は追いかけてくる

　父を亡くして1週間。それはそれはたいへんな1週間でした。そして、さまざまなことに気づかされた1週間でもありました。

　父が息を引き取って2時間後には、葬儀屋がやってきました。葬儀の日取りを決めなければなりません。

　「入院してから一度も家に帰って来れなかったから、できるだけ父を自分の部屋でゆっくり寝かせてやりたい」と伝えました。すると「はい、わかりました。ご当家のやりたいようにやっていただければいいですよ」

　「ご当家？」

　葬儀屋はお客様とは言わず「ご当家」と呼んでいました。

　「家として葬儀をするわけじゃないんですけど」と言うと、それからはできるだけ名前で呼んでくださいました。

　父は、死ぬ前に葬儀についてあれこれ指示を出していませんでした。葬儀をするなら遺された者がしなければなりません。

　「生前にお世話になっていた人も含め、きっちりお別れをしたいから葬儀をしたい」と母が言ったので、葬儀を行うことになりました。もちろん私たちが悲しみに沈んでいる早い時期に葬儀屋が来たものですから、葬儀をするかどうかも葬儀屋が来てからの話でした。

　「部屋でゆっくりされると申しましても、お通夜と告別式の日程を立てませんとね」

　「明日一日、部屋でゆっくりさせてもらって、次の日でもいいでしょ」

　「そうですねぇ。日も差し障りありませんし」

　「それって六曜のことですか？」

　「はい、もちろん。友引じゃなければいいんですよ」

　「友引でもやりたいときにやります。父は友をみちづれにはしないと思います」

　その後、祭壇のデザインの話になっていきました。

　「菊の花よりもスイートピーや明るい花でにぎやかに飾ってやろうよ」

　「はい。わかりました。ところで真ん中に位牌を立てるのですが、戒名はどうされますか？」

　「今のままの名前のままでいきます」

　「俗名ですね」

　「はい。ちなみに戒名って、払う金額でランクがあるんですよね？」

　「くわしいことはわかりませんが……。そのような話も聞きますね。最近は俗名の方もいらっしゃいますよ」

　「差別戒名をつけられたということもあるもんね。そんなものいらないよね」

　「そうですね。ところで祭壇につける家紋はどうされますか？」

　家紋をつけることに対しては、抵抗がありました。「家」で代々受け継いでいる伝統みたいなものについては、いいこともあれば、悪いこともあると思います。とりわけ家紋について語られるときは、次のようなことがあるのです。

　「おっ、この家紋は武士の出やね」

　おじさんのひとことでした。家紋は祖先をさかのぼったり、氏姓・名字の話につながります。家紋をたどって、祖先をたどって、うちの家系は……というのは、もうそろそろやめませんか。家を選んで生まれてくる人なんていないのですから。

　斎場から戻り家に入る直前、叔母が「入っちゃだめー！」と叫ぶように言い、玄関前に「踏み塩」をしました。私はケガレてないからまたいでやろうと試みましたが、重い父の骨を抱えていたため、つまずきそうになってしまいました。仏壇を置くとき、墓の向きを決めるとき、どっち向きがいいとかいろいろありました。葬儀屋・お寺・墓石屋・霊園・仏壇屋の言うがままに行うと、迷信に基づく慣習で無難なものになっていたのでしょう。しかし、ところどころに差別的なものや差別につながるものが見え隠れしています。まさに部落差別が追いかけてくるといった感じで。

18 参加したのは どんな人たち？

江戸時代 ~EDO~

~大塩の乱~

迫りたいテーマ

天保のききんの時、貧しい人々を救うために門弟ら300人とともに大阪で乱を起こした大塩平八郎。実はその乱に大阪周辺の被差別部落の人々が加わっていたことについて

ねらい

①大塩平八郎の乱がどのような性格の反乱であったのか理解する。
②江戸時代後期の被差別部落の人々の立場やまわりの人々の見方について知る。

授業の流れ

時間	学習活動	予想される子どもの反応	留意点・準備物
0分	○江戸時代、大阪が「天下の台所」と呼ばれていたのはなぜ？	○米が集められていた。 ○いろんな食べ物があった。 （酒・油・醤油・魚・海産物・野菜・材木）	○全国の特産品が大阪に集められ取り引きされていた。 ↓ 全国の流通の中心
	○繁栄した大阪のパワーの源は？	○商人・町人	○米→経済を支える。（商人は米をもとに大名に金を貸す） ○大阪→金融の中心となった。
10分	○「大塩平八郎の檄文」を読む。	○むずかしい。 ○役人に腹が立つ。 ○大商人は悪い。	○資料「大塩平八郎の檄文」1830年代の時代背景を理解。天保年間の凶作とききん →わずかな間に米が急騰。 →民衆の生活が苦しかった。
20分	○班を、農民・商人・役人グループに指定する。 ○資料「江戸時代の人口推移」「米1石の値段」を配布。 ○各班で「もし自分が農民	○農民 大ききんで食べるものがない→一揆 ○耕地を捨てて無宿人に。 ○商人 米不足で米価が上がるのを	○資料「江戸時代の人口推移」「米1石の値段」 ○役人の怠慢、天保のききんによる米価急騰や餓死者の急増など、いつ一揆が起こ

近世 ~Kinsei~

時　間	学　習　活　動	予想される子どもの反応	留意点・準備物
	（商人・役人）だったら」をテーマに話し合い発表する。	見越して米の買い占め→米価の値上がり 　（もうけるチャンス） ○役人 出稼ぎを禁止して耕作人口を確保→触書を出す、年貢を待ってあげる。 大商人を指導する。 一揆を起こさせたくない。	ってもおかしくない状況であった。
30分	○1837年に起こった「大塩平八郎の乱」に対して、人々はどう思っただろうか。	○不正な役人の町奉行や悪い商人をこらしめてくれたので喜んだ。 ○大塩は正義の味方。 ○自分たちも一揆を起こそう。	○大塩平八郎 大阪奉行所の元与力。大塩の乱はわずか1日でしずめられたが、「天下の台所」の大阪で、元役人が幕府軍とたたかったので、人々をおどろかせた。 →「大塩様」とほめたたえる声
35分	○どういった人々が乱に参加したのだろう？	○村や町の貧しい人々 ○大塩の塾の門人 ○下級の武士	○総勢約300人ではあったが、百姓や町人に混じって被差別部落の人々（80名ほど）がいたことを知らせる。
40分	○乱に参加した町や村の貧しい人々や被差別部落の人々の思いはどうだったのだろう？ ○大塩平八郎の部落の人々に対する見方や大塩の乱の影響について考える。	○大塩の行動に賛成する。部落差別から解放されるなら打ちこわしにも参加。 ○本当に救ってあげようと思った。 ○打ちこわしの戦力と考えた。 ○大塩の乱は全国で打ちこわしや一揆のおこるきっかけとなった。	○百姓や町人、部落の人々は少しでも現状の生活を変え、重年貢や差別から逃れたい一心であったかもしれないことを知らせる。 ○世直しの気運が盛り上がり、各地で「大塩様」ともてはやされ騒動が起こったことをどうとらえていたかを想像してみてもいい。

大塩平八郎の檄文・米1石の値段（大阪）

・咬菜秘記要約　　http://www.cwo.zaq.ne.jp/oshio-revolt-m/ogino1.htm

資料 大塩平八郎の檄（げき）文［全文口語訳］

　村々の貧しい農民にまでこの檄文を贈る。

　国の人びとが生活に苦しむようであれば、国も滅びるであろう。政治をまかせられないような人たちに国を治めさせておくと、災害がつぎつぎと起こると、昔の聖人が教えてくれていた。それで、徳川家康公は「政治の基本は、たよるあてもないさびしく暮らす子どもたちなどにもっともあわれみを加えることだ」といわれた。そうして240〜250年の間、平和な世の中が続いた。上流の者はぜいたくを極めるようになり、大切な政治にかかわる役人たちもわいろを受けたり贈ったりして出世し、自分の家の生活のためだけに頭を使っている。そのくせ、百姓たちにはたくさんのお金を出せと言ってくる。これまで年貢や役負担の多さに苦しんでいたのに、さらにそのようなことを言ってくるから生活は苦しくなっている。これは、江戸をはじめどこの藩でも起こっているありさまである。

　人びとは、このようなことでのうらみについて訴えるところがない。その人びとのうらみは天に通じたのか、年々、地震、火災、山崩れ、洪水その他いろいろと天災が流行してしまい、しまいには飢饉（ききん）にまでなってしまった。これは天からのありがたい注意だというのに、上流の人びとはこれに気づかず、さらに米やお金を取りたてることばかりに熱中しているのである。このごろお米の値段が高くなり、市民が苦しんでいるのにも関わらず、大阪の奉行ならびに役人たちは自分だけよければいいといった勝手な政治を行っている。どんなところの人であっても、みんな徳川家御支配の者にちがいないのに。

　また三都のうち大阪の金持ちは、大名へお金を貸し付けて、その利子をたくさんとって豊かな暮らしをしている。彼らは町人の身分でありながら、大名の家へ大切なお客として扱われたり、田んぼや畑などもとてもたくさん持っていて何の不足もなく暮らしている。近年の天災についてもつつしみおそれることなく、それでいて餓死しそうな人や貧しい人を救おうともせず、その口には山海の珍味などぜいたくなものを食い、高いお酒などを飲んだりしている。こういうことを奉行の役人たちが、その手で取りしまって、人民を救うべきである。私たちは、もうがまんできなくなった。

　この世のためということで、血を流してでも同じ気持ちの人といっしょに人民を苦しめている役人たちを倒し、続いてぜいたくをしている大阪市中の金持ちを倒すことにした。そしてそれらの者たちが蔵にたくわえているお金やお米などを分けたい。大阪の者で田畑を持っていない者、たとえ持っていても家族を養うのがたいへんな者は、いつでも大阪市中に騒動が起こったと聞き伝えられたら、一刻も早く大阪へやってきてほしい。みんなへお金とお米を分けるつもりであるし、才能のある者については人民を苦しめる者たちを倒す軍役にも使いたいのである。決して一揆や反乱の計画とは違って、ぜいたくを改め、質素にして、昔のよかった頃のように戻したいのである。

この文を村々に知らせたいのではあるが、たくさんあるので最寄りの人家の多い大きい村の神社の神殿へ張りつけておいて、大阪から巡視しにくる番人たちにはばれないように気をつけてもらいたい。もしも番人たちが見つけて連絡するようであったら、遠慮なく残らず打ち殺すべきである。また、もし騒動が起こったことを聞きながら、かけつけなかったり、遅れてくるようなことがあったら、金持ちのお金はみんな火の中で灰となってしまう。後になって私たちをうらむことのないようにしたい。また将来のことも考え、生活が苦しくなることのないように、地頭や村方にある税金関係の記録帳面などはすべて破って焼き捨てる。
　この計画は、日本では平将門、明智光秀、中国では劉裕、朱全忠の反乱に似ているという意見もあるが、私たちは国をとろうとする気はない。もし疑わしく思うなら私たちのやることを最初から最後まで見よ。

　　　　　　　　　　　　　　天保八丁酉年　月　日　　　　　　某
　　　　　　　　　　　　　摂河泉播村々
　　　　　　　　　　　　　　庄屋年寄百姓並貧民百姓たちへ

大塩平八郎の檄文［要約］

　最近、米の値段がますます高くなっているが、役人たちは人の情けを忘れて勝手なお触書を出したり、金持ちの商人ばかり大切にしている。そこで、私は引退した身ではあるが、世の中のためと思い、仲間と申し合わせて庶民を苦しめている役人を倒し、大阪の金持ちの商人を倒すつもりでいる。
　大阪の近くに住んでいて田畑を持っていないものや、生活に困っているものは、商人が貯えている金や米を分け与えるから、大阪で騒動が起きたと聞いたら、一刻も早くかけつけてきてほしい。

米一石の値段　［当時の大阪］

	当時の値段	今のお金にすると
1833年2月	銀76匁（もんめ）	約10万円
1834年2月	銀119匁	約16万円
1835年2月	銀73匁	約10万円
1836年2月	銀84匁	約11万円
1837年2月（乱は2月19日）	銀155匁	約20万円

参加したのはどんな人たち？〜大塩の乱〜

ボイス

● 貧しい人々を救うために大阪で打ちこわしを起こした大塩平八郎は、「大塩様」と言われたように、ある意味で英雄であったわけです。しかし、実はその乱に大阪周辺の被差別部落の人々が加わっていたこと、彼らにとっては解放の願いが結果的には乱の結集へ利用されたという見方もできます。

● 「大塩の乱」はわずか半日で鎮圧されたわけですが、170年たった今でも、インターネットで調べると、たくさんのサイトにいきつき、この乱のもたらした衝撃と影響の大きさを実感します。

近世 〜Kinsei〜

19 "百姓と同じ"を求めて
～渋染一揆～

江戸時代
~EDO~

迫りたいテーマ
差別政策に対する被差別部落民衆の抵抗として記録されている「渋染一揆」を通して、身分が制度として成立していた時代に、厳しい差別に必死で抵抗した解放への願いについて

ねらい
①被差別部落民衆の解放への願いの強さを知る。
②被差別部落民衆が立ち上がり、たたかった姿から、団結の大切さと人間の尊厳を考える。

授業の流れ①
（以下、本文とはにんげん5・6『ひと つながり』〈明治図書 2004〉の文章である）

時間	学習活動	予想される子どもの反応	留意点・準備物
0分	○本文を読む （P54～P57下L8）		○「農民の倹約や武士の倹約と比べて厳しい差別的倹約だったこと」「処罰の厳しさ」「差別が当たり前の時代であるということ」「差別されたことへの怒り・思い」「24時間どこへ行っても逃げられない差別であること」を押さえる。
10分	○部落民衆に出された倹約令について考える。（自分なら従う？ 従わない？）	○従わないとダメだと思う。 ○やっぱり従いたくない。 ○従わないといけないなら、この村から逃げるかも。	
20分	○倹約令～○○小学校版～について考える。 （例）【6年全クラス倹約令】 ・給食で残ったデザートはすべて担任のものとする。 ・はやりのおしゃれな服装は慎むこと。 6年○組倹約令 ・全員体操服を着用すること。	○こんなのいやだ～。	○3つの倹約令を提示し、そのうち1つだけ1クラスのみの倹約令を示す。 ○倹約令のおかしさに気づかせる。 ○差別される立場に立って考えを深める。 ○渋染に対する差別ではないことを確認する。
35分	○この倹約令を取り消すためにどうするか話し合う。	○みんなで交渉しよう。 ○遠いところに逃げよう。 ○やっつけよう。	○「差別はいけない」にとどまらず、具体的に訴える方法や言葉を考えさせる。

授業の流れ②

時間	学習活動	予想される子どもの反応	留意点・準備物
0分	部落民衆の結集 ○常福寺での寄合の様子を見て、自分ならこの寄合で何というかを話し合う。	○おどされてもいやなものはいやってはっきり言ったらいいだろう。 ○今すぐでも、みんなでなんとかしてお触れをなくそう。	資料① ○常福寺での寄合の様子の絵を提示。 ○触書に対して、それぞれの考えを出し合えるようにする。
5分	○読む。 　（P57下L9～P58下L16）		
10分	○触書を取り消すために、部落の人々はどんな行動をとったのかを予想する。	○全員で押しかける。 ○話し合いで解決しようとする。 ○武器を持っていく。 ○仕事をしない。 ○近くの農民にも協力してもらう。	
15分	○読む。 「こうして話しつくした五十三部落の民衆は、新しい触書をみとめず、触書をとり消す嘆願運動をおこすことにしました」 　（本文P58L17～L18）		
18分	○民衆の気持ちを想像し、どうすれば願いが伝わるかを考えながら嘆願書をつくる。	○もしあなたが、こんな触書出されたら、いやでしょう。 ○そのうち、村はほろびるかもしれないよ。 ○この村に役立たないからやめてと書いている。	○「どうすれば願いが伝わるのか」を考えさせる。
30分	○読む。 　（P58下L19～P60上L4） 嘆願書を読んで、自分たちのつくったものとどんなところが違うのかを話し合う。	○言葉がていねい。 ○軽くおどしている。	○「百姓と同じ」を求めたことや、「藩が困る」ということ。そして、怒らせない書きぶりなど、部落の人々の知恵に気づかせる。
40分	○この後、どのように展開していくのかを予想する。	○戦がおこるかもしれない。 ○藩と話し合いになって決めていくと思う。	資料② ○部落の役割について確認する。

授業の流れ③

時　間	学　習　活　動	予想される子どもの反応	留意点・準備物
0分	○読む。 　（P60上L5～P61下L11）		
10分	○「嘆願書が受け入れられず、村が一つずつせめられ、判を押してしまう」ことに対して、判を押していない村の人の気持ちを想像する。	○おどされてるのだから、しょうがない。せめてもダメだ。 ○自分がされたら押すだろう。	
20分	○「強訴」と「判を押す」について考える。	○強訴すると生きて帰ってこられないような気がする。 ○判を押したら、触書を認めるってことだと思う。	○「強訴＝罪＝死」「判を押す＝触書を認める＝生きられるが差別が残る」について押さえる。
35分	○自分なら強訴をするかしないか、どうするのかを考える。	○やっぱり判を押して、今は生きたいし……。それから方法を考える。 ○他の村に逃げる。死にたくないし、いやなこともしたくない。 ○自分なら強訴する。だって人としての誇りを捨てるより強訴したほうがいいと思う。	○今までの状況を読み取りながら、自分ならどうするのかを考えさせる。 ○要求を認めさせていくには、団結することが必要なことを押さえる。

"百姓と同じ"を求めて〜渋染一揆〜

授業の流れ④

時 間	学 習 活 動	予想される子どもの反応	留意点・準備物
0分	○強訴前日（6月12日）の夜に、自分なら家族と何をするか想像する。	○自分の大切なものを持ち、家族と涙ながらに話をする。 ○生きて帰れるかわからないから、家族といっぱい話をする。 ○死ぬと決めたからには、死にたくないという気持ちが出てこないように寝る。	○死を覚悟した強訴であることを確認し、自分ならどうするのかも含めて考えさせる。 ○子孫のために闘う方法をとったことを確認する。
10分	○読む。 （P61下L12〜P63上L9）		
15分	○部落民衆と伊木軍とのせめぎあいについて読み取る。	○こうなることは予想ずみ。こんなことぐらいでへこたれないぞ。 ○決意は変わらない！	資料③④ ○人間の尊厳をかけて、たたかわれ、勝利を収めた闘いであることを確認する。
20分	○飲み水をふるまって、闘いをねぎらった沿道の人々の気持ちについて考える。（差別意識を持っていたら、そのような行動はとれただろうか）	○領主に対して、少なからず不満をもっていたから。 ○応援していた。	○領主層に対する不満を百姓ももっていたことを確認する。
25分	○強訴成功の理由をさがす。	○部落民衆の固い決意を知ったから。 ○部落がなくなると困ると思ったから。	○部落民衆の知恵と力、部落が藩にとっても必要な存在だったこと（藩の仕事も請け負うなど）を押さえる。
40分	○強訴の後、どうなったのかを想像する。	○このままで終わらないような気がする。 ○村の人でお祝いをする。	
45分	○読む。（P63上L10〜最後） ○部落民衆の強さについて考える。		○「罰にたえながら連絡をとり」とあるように部落民衆の情報網について補足。

 ①常福寺での寄合、②岡山藩の被差別部落の役割、③強訴隊の道のり、④渋染一揆の動き

資料① 常福寺での寄合

資料② 岡山藩の被差別部落の役割

・耕地をもち、生産活動に従事していた。
・百姓が投げ出した田畑を耕作し、年貢を納めてきた。
　→自分たちが藩を支えている（百姓が捨てた田畑まで再生している）。
・農村の水番や山番、街道の警備などの「御用」があった。
　→治安維持のためのシステムの一翼を担っている。
・情報探索方をしていた。
　→部落間で情報がすぐに行き交うようなしくみがあった。

資料③ 強訴隊の道のり

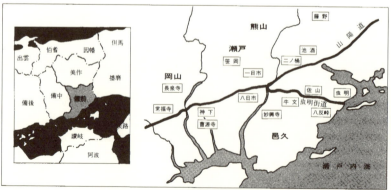

（『部落史をどう教えるか　第2版』解放出版社 1993）

資料④ 渋染一揆の動き

1842（天保13）年7月────●衣類について、紋なしで、藍染か渋染のものだけにしなさい、
　　　　　　　　　　　　との風俗取締令。
1855（安政2）年12月────●倹約令が出される。
1856（安政3）年1月15日●岡山藩・53部落の会議が、常福寺でもたれる。
　　　　　　　2月18日●53部落、倹約令取り消しの嘆願書を奉行所へ差し出す。
　　　　　　　4月6日●嘆願書、つきかえされる。
　　　　　　　8月1日●部落の代表5名が、虫明陣屋へ呼び出される。
　　　　　　　　　　　嘆願書の通り、倹約令の取り下げを勝ち取る。
　　　　　　　　　　　強訴の指導者16名が検挙される。
　　　　　　　　　　　そのうち、12名が投獄される（6名が、獄中で死亡。残る6
　　　　　　　　　　　名は2年後釈放）。

（『部落史をどう教えるか　第2版』解放出版社 1993）

●関連する動画サイト
備前の夜明け前　渋染一揆（字幕付き）（デジタル岡山大百科郷土情報ネットワーク）
http://digioka.libnet.pref.okayama.jp/detail-jp/id/kyo/M2013080113443265947

以前、「渋染一揆のフィールドワーク」に参加しました。それまで、渋染一揆の話のあらすじを知っている程度だった私にとっての渋染一揆との出会い直しでした。
　渋染一揆が起こった背景を初めて知り、常福寺や渋染一揆資料館、八日市河原などで、渋染一揆の経過を学んでいきました。その時に、講師の方から「渋染一揆が部落差別のすべてを解決しているのではないし、その闘いがすべて正しいというものでもない。しかし、そこには豊かな部落認識を培うことができる、すばらしい闘いや出会いがある」と聞き、「そうか、そんなに気負って授業をしなくていいんだな。1年間通しての部落史学習の中の1つとして、渋染一揆からも子どもたちが何かを学んでくれたらいいんだ」と思いました。
　その年、ちょうど6年生を担任していたので、社会科の授業の中で、渋染一揆の授業をすることにしました。その授業案が今回の指導案のもとになっています。計4時間の社会の授業となりましたが、一気に全部読み進めるのではなく、1枚1枚プリントを配布し、書き込みをしながら授業を進めていったので、子どもたちは続きがどうなるのか、楽しみながら読み進めていくことができました。そして、下の文章が、渋染一揆の授業をしたときの子どもの感想です。

●この渋染一揆の話は現代にもありうる話だなぁと思いました。現に今でも差別を受けて苦しんでいる人がいるから、この物語は大切な大切な話だと思います。（中略）差別を受けている人も「人」だから、「人としてのほこり」というものは「人」である以上、決して捨てられないものの一つである。だから、部落民衆（差別を受けている人）は、百姓（人）と同じを求めるのは当たり前である。この物語に出てくるお触書は簡単にいうと、「人としてのほこりを捨てろ」ということになる。それでも、さっき書いたとおり、「人である以上、人としてのほこりを捨てることは決して、決してできるわけがない」のである。この物語は、現代での問題としてもあてはまる物語だと思います。だから、子どもであろうと、大人、老人であろうと、考えなければいけない物語です。

●被差別部落民衆の人たちは当たり前のことをしただけで、殺された人もいる。それはおかしいんじゃないかと思う。なぜこの時代は差別が多かったのか？　将軍は差別をなくそうとしなかったのか？　国内でたたかうより、差別や貧しい人びとを助ける方が先だと思った。弥市たちが言っていた直訴は成功したが、死人が出た。他に方法はなかったのかなー。でも、今の時代でも差別が多いのは確かです。でも、その一方で、その差別されている人に救いの手をさしのべる人もいます。今も差別をなくすのはけっこう大変だけど、救う側の人も増えれば、絶対に差別はなくなると思います。やはり差別をする人は人間だけど、やっぱりなくすのも人間だと思います。

　歴史の事実から学ぶことはとても多いです。授業では現実につなげて考えている子どもが多かったことに、私自身がおどろきました。さらに自分の課題とすりあわせることができればよかったと思います。この授業を通して、「渋染一揆に学ぶ」ことの大切さを実感しました。
（『部落問題学習の授業ネタ―5歳から18歳でやってみよう』〈解放出版社 2009年〉に関連するネタあり）

20 人の増え続けた村がある

江戸時代 ~EDO~

~近世部落における人口の変化~

迫りたいテーマ
被差別部落の人々のくらしについて

ねらい
たくましく生きた人たちの生業やくらしの工夫を知る。

業の流れ

時　間	学　習　活　動	予想される子どもの反応	留意点・準備物
0分	**資料①** ○発問：年代ごとの 　　　　　日本の人口は？ 　　　1600年…約1500万人 　　　1700年…約2500万人 　　　1800年…約2600万人 　　　1850年…約2800万人 ○なぜ人口が増えなくなったのか？（それまでなぜ人口が増えたのか？）	○食べるものがなくなった？ ○人口増には何が必要か？	○日本の人口については資料によりばらつきがある。ここでは分かりやすい数字を採用した。 ○人口増加の様子に注目させる。 説明：新田の開発がしつくされ、食料が不足した。当時の日本の限界。
15分	○**資料②** 　日本全体の人口との違いは？ ○人口が増えているのはどんな村でどうして人口が増えたのだろうか。	○M村は人口が増えている。 ○にぎやかな村 ○裕福な村 ○楽しい村 ○米がたくさんとれた村 ○からだが丈夫な人たちの村	○資料①の1700～1850までに印をつければ比較しやすい。 説明：この村の多くは農耕に

時　間	学　習　活　動	予想される子どもの反応	留意点・準備物
30分	○農耕に適さない土地で、どのような工夫をしたのだろうか。	○人が集まってくる村 ○内職みたいなこと ○アルバイトみたいなこと	適さない土地だった。 **資料③** ○人の役に立つ仕事であることに気づかせる。

資料①・②・③

人の増え続けた村がある〜近世部落における人口の変化〜

資料① 日本の人口変動

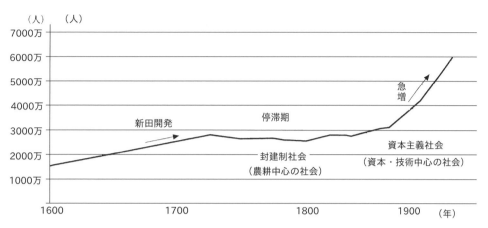

（栗本慎一郎『幻想としての経済』、関山直太郎『近世日本の人口構造』ほかより作成）

資料② 和泉国（現・大阪府）M村の人口

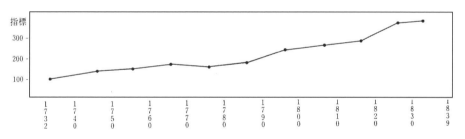

（盛田嘉徳・岡本良一・森杉夫『ある被差別部落の歴史』）

農業以外の仕事

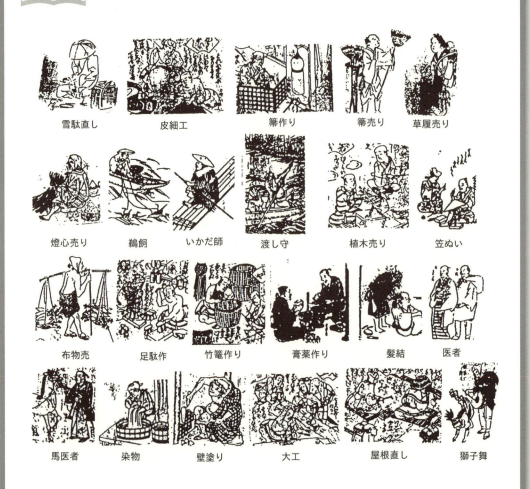

ボイス

- 部落の人々が差別と貧困の中、たくましく生きたとイメージしている人が今でも多いように感じます。資料の中の日本の人口停滞・減少は、農耕中心社会で、土地にしばりつけられていたことからすると必然と言えるでしょう。しかし被差別部落の多くは耕地が狭かったり、農耕に適さないところにありました。農業だけでは生活できなかったのです。そこでさまざまな工夫をしたのです。あるいは耕地にしばりつけられないがため、人口増加を可能にしたということもいえると思います。
- 現在でも被差別部落の高齢の方とお話しすると「差別されて死ぬ者はあっても、貧しくて死ぬ者はなかった。助け合って生きてきた」と語られるのを聞きます。相互扶助の伝統は近代にも受け継がれていったのでしょう。
- 言うまでもないかもしれませんが、被差別部落も各地さまざまで豊かなところもあれば、貧しいところもありました。部落＝貧しい・副業で生計を立てていたということではありません。
- 留意点に「人の役に立つ仕事」と記しましたが、どんな仕事でも人の役に立っていること、「職業に貴賎なし」、仕事観を問い直す取り組みにつなげていくことも大切でしょう。
- 仕事と差別を結びつける子どもの反応には十分注意してください。

近世～Kinsei～

近・現代
～Kingendai～

差別に立ち向かうたたかいがあり、したたかに生き抜く姿があります。
人から与えられるのではなく、自ら切り拓くヒューマンパワーを感じる。
そのような授業にしたいものです。

21 すゝめられても学ばれへんがな
～福沢諭吉～

明治時代 ～MEIJI～

迫りたいテーマ
近代の就学状況と近代の差別意識について

ねらい
①『学問のすゝめ』から当時の差別を読みとる。
②就学があたりまえではなかった時代背景に気づく。

授業の流れ

時間	学習活動	予想される子どもの反応	留意点・準備物
0分	○誰の顔写真かを考える。 　ヒント：お札（一万円札）の人 ○福沢諭吉の顔と名前を知る。	○どこかで見たことある。	○福沢諭吉の顔写真を提示する。
5分	**資料①** ○『学問のすゝめ』初編書き出しを読み、意味を考える。 ○現代語訳された『学問のすゝめ』を読む。	○「天」は神様っていう意味 ○人に迷惑かけたらだめ。 ○みんな平等	○自由平等を読みとらせる。
	資料②③ ○『学問のすゝめ』初編抜粋を読み、おかしいと思うところに線を引く。	○難しい仕事、易しい仕事？ 身分（地位）が高い人、身分（地位）が低い人？ 頭を使う？ 手足を使う？	（ワークシート） ○仕事で差別している。 ○体を動かす仕事を軽視している。
30分	○その理由について考えて書く。 ○なぜ当時『学問のすゝめ』	○勉強するかしないかで人を決めるのはおかしい。 ○勉強しない人が悪い。 ○諭吉の考えと同じ人が多か	○学校に行きたいと願っている人がいた。

時間	学習活動	予想される子どもの反応	留意点・準備物
40分	が売れたのだろうか。 ○発刊当時1873年の就学率を見る。 ○どうして学校に行けない子どもがいたんだろう。 ○就学率の推移を見る。 ○『学問のすゝめ』初編が出た半年後に「学制」が発布されて国が就学を推進していくことを知る。 ○現在、約100％の就学率になったのはなぜか。	ったから。 ○約30％しか登校してない。 ○6年1組でいうと26人中6人ぐらい。 ○昔は子ども全員が学校に行ってなかった。 ○お金が必要だった？ ○お金がかからなくなったから？	○発刊は1872年である。 ○学校はお金がかかるし、家事手伝いをさせられなくなる当時の親の気持ちを知らせる。

資料①・②・③、ワークシート、資料④

資料①

『学問のすゝめ』初編書き出し　抜粋

　「天は人の上に人を造らず人の下に人を造らず」と言えり。されば天より人を生ずるには、万人は万人皆同じ位にして、生れながら貴賤上下の差別なく、万物の霊たる身と心との働きをもって天地の間にあるよろずの物を貸り、もって衣食住の用を達し、自由自在、互いに人の妨げをなさずして各々安楽にこの世を渡らしめ給うの趣意なり。

福沢諭吉 著・岩波文庫

『学問のすゝめ』初編書き出し　現代語訳

　「天は人の上に人を造らず、人の下に人を造らず」と言われています。

　それは、天がこの世に人間を造り出したときから、すべての人はみんな平等で、貴いとか卑しいとかという違いはないということです。万物の中で一番優れた動物である人間は、肉体と頭脳の働きで自然界の資源を活用して衣食住の必要を満たし、自由自在に、しかも、互いに他人の生活を妨げることなく、それぞれみんなが安楽に生きていけるように、天が造ってくださったという意味なのです。

佐藤きむ 訳・坂井達朗 解説・角川ソフィア文庫

　天は人の上に人を造らず、人の下に人を造らずと言われている。

　天が人を生み出したとき、すべての人は皆、同じ地位・身分であって、生まれながらの貴賤や上下の差別もなかった。万物の霊長としての身体と心の働きをもって天地の間にあるすべての物を活かしていた。こうして人は衣食住を得ることができ、自由自在に、お互いに人の妨げをしないようにして、1人ひとりが安らかに、そして楽しく世の中を生きていけるように造られていた。

新訳 学問のすゝめ・ハイブロー武蔵 訳・通勤大学文庫

資料②

『学問のすゝめ』初編　抜粋

　世の中にむつかしき仕事もあり、やすき仕事もあり。そのむつかしき仕事をする者を身分重き人と名づけ、やすき仕事をする者を身分軽き人という。すべて心を用い心配する仕事はむつかしくて、手足を用いる力役はやすし。

福沢諭吉 著・岩波文庫

『学問のすゝめ』初編　現代語訳

　世の中には難しい仕事もあり、易しい仕事もあります。難しい仕事をする人は身分の高い人と言われ、易しい仕事をする人は身分の低い人だと言われています。一般に、頭を使う精神的な仕事は難しくて、手足を使う力仕事は易しいとされています。

佐藤きむ 訳・坂井達朗 解説・角川ソフィア文庫

　世の中には難しい仕事もあり、やさしい仕事もある。難しい仕事をする人を地位の高い人と言い、やさしい仕事をする人を地位の低い人と言ったりもする。大体において、頭を使い、精神的な苦労をする仕事は難しくて、手足を使う肉体労働はやさしいと言われている。

新訳 学問のすゝめ・ハイブロー武蔵 訳・通勤大学文庫

資料③

『学問のすゝめ』初編　抜粋

　人は生れながらにして貴賤貧富の別なし。ただ学問を勤めて物事をよく知る者は貴人となり富人となり、無学なる者は貧人となり下人となるなり。

福沢諭吉 著・岩波文庫

『学問のすゝめ』初編　現代語訳

　人は生まれながらにして貴賤貧富の差があるのではありません。学問に励んだ賢人は、社会的に高い地位を得、経済的にも豊かになり、学ばなかった愚人は、貧しく、社会的にも認めてもらえない人になるのです。

佐藤きむ 訳・坂井達朗 解説・角川ソフィア文庫

　人は生まれながらにして貴賤や貧富の差はない。ただ学問に身を入れて物事をよく知る者は偉くて裕福になり、学ばない者は貧しく地位も低い者となるのである。

新訳 学問のすゝめ・ハイブロー武蔵 訳・通勤大学文庫

ワークシート

福沢 諭吉

6年（　）組（　　　　　　　　　）

☆『学問のすゝめ』を読んでおかしいと思うところはどこだろう。
　どうしておかしいと思ったのかな？　その理由は？

```
┌─────────────────────────────────────┐
│                                     │
│                                     │
└─────────────────────────────────────┘
```

なぜかというと
_____
_____

```
┌─────────────────────────────────────┐
│                                     │
│                                     │
└─────────────────────────────────────┘
```

なぜかというと
_____
_____

```
┌─────────────────────────────────────┐
│                                     │
│                                     │
└─────────────────────────────────────┘
```

なぜかというと
_____
_____

資料④ 小学校就学率

小学校就学率（三重県統計書より）

年	就学率	年	就学率
1873	30.5%	1882	62.7%
1874	29.1%	1883	64.0%
1875	29.2%	1884	59.5%
1876	35.2%	1885	56.9%
1877	36.0%	1886	53.8%
1878	38.1%	1887	49.8%
1879	40.4%	1888	57.2%
1880	45.5%	1889	60.1%
1881	47.4%	1890	62.1%

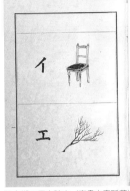

第1期の国定読本（東書文庫所蔵）

遊戯風景（『松阪市立第一小学校創立記念誌100周年』より）

ボイス

● 今まで『学問のすゝめ』をしっかり読んだことがありませんでした。しかし現代語訳本がたくさん出版されており、著者によって訳し方が少しずつ違っているので興味深く読むことができました。有名な一節「天は人の上に人を造らず、人の下に人を造らずと言えり」の、「裏側」をのぞけた気がします。有名な一節だけを知って覚えるのではなく、他にはどんなことを書き残しているのかを読んでみると「へぇ～」と思うことが、たくさん見つけられておもしろいです。

　また、どうしてそのような一節になったのかを読み解いていくと、その当時と現代の相違点も見えてくるのではないでしょうか。

22 賤称廃止令はだれのもの？

明治時代 ~MEIJI~

～「解放令」(1871年 太政官布告)～

迫りたいテーマ

「解放令」と根深い差別

ねらい

①差別から「解放」されるとはどういうことか、考えを持つ。
②「解放令」は平等や自由のために出されたのではなく、資本主義経済確立のため富国強兵策を推進する一つの施策として出されたものであることに気づく。

授業の流れ

時間	学習活動	予想される子どもの反応	留意点・準備物
0分	○おさらい：「大名や貴族は華族。武士は士族。町人や百姓は平民になった。(1869)平民が苗字を名のれるようになった」 ○差別を受けていた人たちも、今までの身分を平民にする「解放令」が1871年に出された。 ○**資料①**を読む。 ○それぞれの立場の人のコメントを考える。ワークシートに記入。 ○班の中で発表しあい、もっとも納得のいくコメントをそれぞれ選ぶ。 ○発表する。班の代表3人。	○政府→「差別のない国にしよう」 ○平民→「自分たちといっしょになるのか」「差別がなくなってうれしい」 ○差別を受けてきた人たち→「よかった。うれしい」「これから差別を受けずにすむ」「ましになる」	○政府の立場がイメージしにくいかもしれない。

賤称廃止令はだれのもの？〜「解放令」（1871年 太政官布告）〜

時 間	学 習 活 動	予想される子どもの反応	留意点・準備物
15分	○資料②を読む。 ○差別を受けてきた人たちのその後の生活はよくなっただろうか、悪くなっただろうか。ワークシートに記入する。 ○発表する。	○少しは差別が少なくなった。 ○反対されたので変わらない。	
20分	○資料③〜⑦を読む。それぞれの立場の人の考えを知る。	○ひどい！ ○なんでそこまでするのか分からない。	○説明を加えながら教師が読む。 ○説明：職は独占ではなくなり、税は納めなければならず、しかも差別は続いた。
25分	○「解放令」が出てよかったのだろうか。 ○「解放令」は誰の（何の）ためのものだったのだろうか。ワークシートに記入する。 ○発表する。 ○資料①を読み返す。	○よくなかった。 ○身分が平民になったから、少しはよかった。 ○差別を受けてきた人のためだったけど失敗だった。 ○部落の仕事をしたい人のため。 ○税金が欲しかったから!?	[発問内容] ○「なんで解放令出したんかな？」 ○「誰か得した人はいたかな？」 ○「差別がなくなると思ったのかな？」 ○「差別をしてはいけませんって言ってる？」 ○税金と徴兵の制度を整えたい政府のためのもの。
35分	○平等なはずなのに差別を受け続けるとしたら自分ならどうするだろうか。ワークシートに記入する。 ○発表する。	○がまんする。 ○にげる。 ○たたかう！ ○政府にお願いする。 ○政府に文句を言いに行く。	○解放運動の必要性をとらえさせ、水平社へつなげたい。

近・現代 〜Kingendai〜

書計画

```
「解放令」(1871)              解放令は誰のためのものだったか。
政府→                         ・
平民→                         ・
差別を受けてきた人→           ・
解放令が出て・・・             税金と徴兵の制度を整えたい。
よくなった・・・・  ○  ○      政府のためのもの。
よくなかった・・・  ○  ○
```

当時の政策

1867：大政奉還　天皇中心の新政府が樹立	1872：壬申戸籍　田畑の売買を自由化　鉄道開通　官営富岡製糸場ができる　学制発布
1868：戊辰戦争　江戸を東京に改称　明治と元号が改められる	
1869：東京に遷都　版籍奉還　華族・士族・平民とする	1873：徴兵令発布　地租改正　農民が各地で一揆を起こす　岩倉遣外使節団が帰国
1870：平民が名字を名乗れるようになる	
1871：廃藩置県　太政官布告　日清修好条規　岩倉遣外使節団が欧米各国へ出発　寺社の土地没収	1874：板垣退助らが国会を開けと明治政府に対し民選議院設立の建白書を出す

資料

差別の事例、「解放令」、資料①～⑦、ワークシート
※資料の扱いには十分注意してください。

◎差別の事例

- 村のはずれに住まざるを得ない。
- 耕作に向かない土地で農業をせざるを得ない。
- がけや氾濫のおそれのある川のそばなど、危険な場所に住まざるを得ない。
- 着物や履物、傘についてなどのお触れが出たりした。（渋染一揆）
- 村の用水の使用制限。
- 村のお祭やお寺の行事に参加できない。
- 村の山の収穫物の取り分に差がある。
- 村の話し合いに参加できない。　　　　　　　　　　　　　　　　　　　など

◎「解放令」（1871年　太政官布告） ※教師参考用

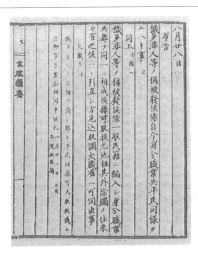

（一八七一年）八月二十八日布告

えた・ひにんなどの名称が廃止されたので、これからは身分・職業ともに同様であるべきこと。

同じく府県へ

えた・ひにんなどの名称が廃止されたので、平民の籍に編入して身分・職業ともに同一になるよう取り扱うべきである。もっとも、（部落の人々に対しては）地租その他の負担を免除してきた慣習があれば、それを改めるために再調査して、大蔵省に伺いでるべきこと。

資料① 「解放令」（1871年 太政官布告）現代語訳

（一八七一年）八月二十八日布告
　差別されていた人たちへの呼び方が廃止されたので、これからは身分・職業ともに平民と同様であるべきこと。
同じく府県へ
　差別されていた人たちへの呼び方が廃止されたので、平民の籍に編入して身分・職業ともに同一になるよう取り扱うべきである。もっとも、（部落の人々に対しては）地租その他の負担を免除してきた慣習があれば、それを改めるために再調査して、大蔵省にうかがい出るべきこと。

資料② 喜びで迎えられた「解放令」と「五万日の日のべ」

　奈良のある村の庄屋、坂本清五郎さんに、「村役場へ来い」という手紙が来ました。急いで、村役場になっていたお城へ向かうと、いつもは絶対に通らせてくれない大門を通ってもよいことになっていました。
　「みょうなこともあるもんだ。」と首を傾げながら、その門をくぐりました。そして、土間に敷いたむしろの上にひざまずいて頭を下げていると、
　「これからは、身分も職業も、平民と同じである。」という解放令を読み上げる役人の声が聞こえてきました。清五郎さんは、思わずそこにはいつくばい、「ありがとうございます。ありがとうございます。」と涙声で叫びました。
　清五郎さんは帰り道を急ぎましたが、夢の中を走っているような感じがしました。家に帰り着くと清五郎さんは村の人を集めて、解放令のことを伝えました。みんな、「わあっ」と声を上げて泣き、抱き合って喜びました。
　ところが、三日目の昼すぎ、今度はこのふきん数か村の大庄屋から、すぐ来るようにという使いの者が来ました。清五郎がすぐでかけていったところ、大庄屋は、
　「実は、清五郎、おとといのおふれは五万日の日のべ（延期）になった。」というのです。五万日といえば、140年近くになります。部落のものが増長してはこまるというので、この大庄屋は、数か村の庄屋と相談してうそを言ったのです。
　またある部落では、さっそく庄屋のところへ、
　「おかげさまで、このたび平民のあつかいにしていただくことになりました。」と、あいさつに行ったところ、庄屋はにこりともせず、
　「こえおけを洗っても、めしびつにはならんわい！」と、言い捨てたといいます。
　　　　　　　　　　　　（土方鉄『被差別部落のたたかい』新泉社 1972年より）

賤称廃止令はだれのもの？～「解放令」(1871年 太政官布告)～

資料③　祭礼への参加

　滋賀のある部落では、差別のためこれまでもつことができなかった氏神をもつため、1872年、本村に願い出て許されています。
　しかし、本村では、部落の氏神を認める代わりに、これまで部落がおこなっていた木材の伐採、荷物の運搬などの仕事を差し止めました。

（「上坂本村永代記録帳」より）

資料④　米の値段が上がったときの、町の様子の報告書

　近頃、米の値段が上がり、町の人の中にはお金がなくて米が買えず困っていますね。でも、飢え死にしそうな人は見あたらないのでよかったですね。
　まあ「厳しく差別されてきた人々」の中には、飢え死にしそうな人もいますが、少しの人数だから気にすることはありません。……

（栃木県「県直接的指導資料集」より）

資料⑤　「解放令」反対一揆

　大挙した数万の民衆はみるみるうちに二手に分かれ、一方はＨ部落、一方はＴ部落に向かって進み、放火をくわだてる。Ｈ部落は600戸あまり、Ｔ部落は200戸あまりの村であったが、群衆は数千ものたいまつに油をかけ、各家々をまわり、いっせいに放火する。1000戸近いあばら家は、一度に燃え上がり。黒煙がのぼる。数千の部落民のかなしみわめく声が天にもとどき、地にひびく。このありさまは、まさにこの世の地獄であり、目も当てることができない。

（「明治癸酉筑前一揆党民竹槍史談」より）

近・現代 ～Kingendai～

資料⑥ 「解放令」後の生活の変化

播磨国T村の屋敷の借地戸数と割合（％）

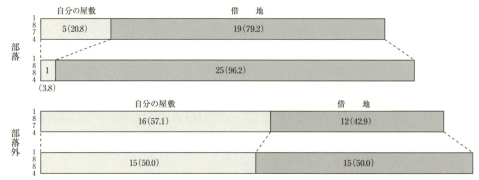

(安達五男『史料と教育』清水書院より作成)

(『部落史をどう教えるか 第2版』解放出版社 1993)

資料⑦ 京都のある部落の困窮化

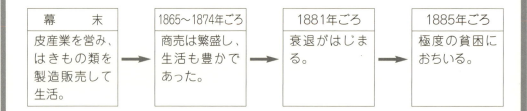

「解放令」(1871年 太政官布告) ワークシート

名前 _____

1. 「解放令」が出たときのそれぞれの立場の人のコメントを考えよう。

政　府

平　民

差別を受けてきた人たち

2. 差別を受けてきた人たちのその後の生活は……

3. 「解放令」はだれのためのものだったのか？

4. 自分ならどうするか？

このネタのねらい

これまで「『解放令』が出されたのに、差別され続けてきたことのおかしさ」に迫る学習をしてきました。授業をすると、「解放令」とはいうものの解放されてないじゃないかということに、子どもたちは気づいていきます。しかし、この「解放令」をどのように解釈するかを見つめなおす必要があります。

そこでねらいの1つは、この授業を通して、「差別から解放されるというのはどういうことか」を考えるきっかけにしたいと思います。もう1つは、では、どうして「解放令」は出されたのか、誰のためのものだったのかということです。

※太政官布告に番号を付すようになったのは、翌年からなので、「解放令」が出されたときには61号とはついていませんでした。

解放された？

同対審答申でも「解放令」について指摘していました。

「太政官布告は形式的な解放令にすぎなかった。それは単に蔑称を廃止し、身分と職業が平民なみにあつかわれることを宣明したにとどまり……実質的にその差別と貧困から解放するための政策は行われなかった」と。

「解放令」と部落差別の関係を整理するためには、「解放令」が出される前後のようすを知っておく必要があります。

「解放令」が出されたのは1871年8月28日ですが、実はその3年前から徳川幕府によって一部賤民に対して「解放令」が出されています。朝廷軍と幕府軍の戦いで幕府軍が劣勢になり、兵備充実が幕府にとって必要になっていたときに出されました。兵力補強のために弾左衛門の配下一同を平民にしようとしたのです。実際に60余人が平民身分に編入されています。しかし兵力補強は朝廷との政治的な動きの中で行われませんでした。

2年前の1869年には、各地の部落の人たちが脱賤民のための行政措置を要望したり、仲間うちで旧幕府から押し付けられてきた部落の仕事をやめようとか、村の寄合や祭りに参加しようといった運動が起こります。

1年前になると要望が全国各地部落内外から出されます。それに対し、自分たちが部落の人と同じ身分にされると、結婚はもとより付き合いも対等にやらされるのではないかと不安が広がり、部落の人たちが傲慢になってきたと騒ぎが広まっていきます。

そして「解放令」が出る5日前、華族・士族・平民間の通婚は認めたものの「えた」は外すという施策が出されます。部落の人々に対する差別政策を堅持したまま突如8月28日に「解放令」が出されます。つまり「解放令」は、身分は平民にするが、差別を禁止するものではないということです。

明治に入り政府に対する不満があって、「解放令」を出すことで、とくに不平士族や多くの農民の反発が起こることは政府はわかっていたはずです。でもそれを抑える自信があり、断行することで近代化路線を推進したいというのがあったのでしょう。実際に「解放令」でも、旧幕時代の減租状況を大蔵省に報告せよと地方役所に命じています。

誰のためのもの？

また「解放令」は自分たちを部落の人たちの身分に引き下げたものなんだと考える人が多く出てきました。そこで、行政機関は部落の人たちに対し自戒自粛を達します。土佐などでは「まず部落の人が心身を『潔浄』して汚れを除き、衣服を改め、社寺に参上し、『自新』してから後、平民と交際せよ」と諭告を発しています。

「解放令」反対一揆は21件起こりました。死傷者48人、家屋の焼失および損傷は2000戸以上です。一番ひどいのは美作で18人の部落民が殺害され、一揆に参加した3万人のう

ち美作地域全戸数の半分の2万7000人が処罰され、15人が死刑になっています。

　大部分の百姓の希望は、減税のほかはなにもしてくれるなということでした。徳川の頃のまま生活が続くことを願っていたのです。ですから明治新政府の施策をことごとく無視しているのが現状でした。たとえば新暦の採用にしてもいつまでも旧正月を祝い続けていました。「解放令」についても同じで、反対一揆が鎮圧されると表面は沈黙し、ひそかに「えた村」を存続させたのです。壬申戸籍への旧身分記載はその差別意識を表し、かつ公的書類への記載ということから考えると、差別からの解放はおろか、身分も解放されなかったということになるのではないかと考えています。

五万日延ばされてる？

　ちなみに部落解放の法律は、いまだにないのでしょうか？　憲法にはこのように書かれてあります。

第14条（法の下の平等、貴族制度の否認、栄典の限界）
1　すべて国民は、法の下に平等であつて、人種、信条、性別、社会的身分又は門地により、政治的、経済的又は社会的関係において、差別されない。

　この文の中の門地という言葉は、憲法草案が発表された後に、部落解放全国委員会が入れさせたものです。門地の前に書かれてある社会的身分という言葉は、もともとは社会的地位となっていました。ところが地位はステータスですから、意味合いがちがってきます。そこで身分にし、さらにもっとはっきりするように旧憲法下からあった制度の言葉として門地を入れたのです。そうすることで、部落民ということで差別されないのだと明文化したのです。憲法で解放はうたわれているのです。

　ちなみに憲法24条の「婚姻は、両性の合意のみに基づいて成立する」の「のみ」を加えるように要望したのも部落解放全国委員会です。戦前の民法では、戸主が戸籍から外さないと結婚ができなかったのです。家意識もとても強く「両性の合意に基づいて」では不十分であろうということで、「のみ」が加えられたのです。性の多様性を考えれば、両性ではなく、両者のほうがいいでしょう。

　さて、資料の中にある五万日の日延べの話は、大庄屋と言えど布告をくつがえすわけにはいかなかったので、単なる語り伝えなのか、それとも本当に大庄屋が言った話なのか定かではありません。しかし、当時の差別の厳しさを表しているものとして語り継がれ、部落問題学習教材として活用されてきました。身分が同様となっても差別が残ったという意味では、日延べされているのと実態は変わらないということになります。今でも、存在が明らかになった電子版部落地名総鑑をはじめ、行政書士による戸籍謄本・抄本などの不正入手・密売事件、公共施設への差別落書きやインターネットでの差別事件が後を絶ちません。これは、日延べの意識を払拭できずにいることの現れでしょう。私たちがすすめる部落問題学習は、単に差別の歴史や現実についての知識理解を深めるだけにとどまらず、差別の問題と自分との関わりを学び、差別を許さない価値観と行動力を育むものでなければなりません。

　部落問題の存在を知って生まれてくる人は、誰一人としていないのです。誰一人、日延べ意識を持っては生まれてこないのです。

23 あなたならどうする？丑松になって考えよう

明治時代 ～MEIJI～

～小説『破戒』～

迫りたいテーマ
瀬川丑松の生き方と「転居・職業選択の自由」について

ねらい
「解放令」以後も差別を維持する動きがあった。自分の出自を隠しながら生きる瀬川丑松の生き方を知り、自分ならどうするか、差別に対する自分なりの考えを持つ。

授業の流れ

時間	学習活動	予想される子どもの反応	留意点・準備物
0分	○小説『破戒』のあらすじを読み、この小説が発表された1906年当時の差別について知る。		○差別を解決するために、自分のこととして考えさせる。
10分	○銀之助の言葉について考える。	○ふつうの人間とはちがうって、おかしい。○友人からこのようなことを言われたら悲しい。	
20分	○銀之助の意識やこのような環境の中に自分がいたとして、自分自身のことを隠すか、公言するかを考えてみる。○班になって意見を交流し、再度、自分の考えを持つ。	○言えないかもしれない。○言うには勇気がいる。	○差別のある環境で、どのような心境に追い込まれるかを考えさせる。○なぜ自分の出自を隠さなければならないのか、あえて公言しなければならないのかについて考えさせる。

資料

ワークシート①・②

小説『破戒』

ワークシート①

（あらすじ）

　瀬川丑松は、信州の被差別部落に生まれ、師範学校（小学校などの教員を養成した学校で、第二次世界大戦後に国立大学の教育学部などに改編された）を出て、尋常小学校の教師となりました。父親からは、出自（生まれた地名）を決して人に明かすなと諭されていました。被差別部落出身だというので宿を追われた人を見て、自分もいたたまれず、別の理由をつけて宿をかえたりしながら、被差別部落出身であることをさとられないように生活していました。「解放令」が出て人は平等と唱えられましたが、部落の人は差別され続けていました。当時、被差別部落出身者は「人種」が違うという見方をされていたことをこの小説は示しています。

　被差別部落出身であることを隠して尋常小学校教師となった丑松の学校の教師仲間の間で、丑松が部落出身ではないかとのうわさが立ちはじめました。丑松の師範学校時代からの友人である土屋銀之助は、丑松が被差別部落の出身であるとは全く知らずに、丑松をかばってそのうわさを否定し、次のように述べるのでした。

　僕だっていくらも被差別部落出身者を見た。あの皮膚の色からして、ふつうの人間とは違っていらあね。そりゃあ、もう、出身か出身でないかは容貌（かおつき）でわかる。それに君、社会（よのなか）からのけものにされているんだから、性質が非常にひがんでいるサ、まあ、被差別部落出身者の中から男らしいしっかりした青年なぞの産まれようがない。どうしてあんな手合が学問という方面に頭をもちあげられるのか、それからしたって、瀬川君のことはわかりそうなものじゃないか。

　ちなみに島崎藤村自身は、すべての被差別部落の住民にそのような身体的な特色があるとは見なしていませんでした。しかし、「血筋」が非常に問題にされ、それによって排除されており、ついに、丑松は、被差別部落出身であることを告白して、受け持ちのクラスの子どもたちの前で土下座をし、アメリカのテキサスへ逃れていかなければならなかったのです。

島崎藤村『破戒』岩波文庫 1957

ワークシート②

小説『破戒』

年　　　組　名前

なんでだろう？	考えよう
問1　「解放令」により、住む場所を変えることができるようになりました（転居の自由）が、丑松が住む場所を変えたのはどんな理由からでしたか	
問2　銀之助の言葉をどう思いますか	
問3　なぜ丑松はクラスの子どもの前で土下座したのでしょうか	
問4　なぜ丑松はアメリカへ行こうと思ったのでしょうか	

> **考えよう**　丑松は父親から出自を決して明かさぬようにと言われ、被差別部落出身であることを隠して生きていました。小説の中では猪子蓮太郎という活動家が出自を明らかにして活動しており、丑松は非常に尊敬していました。もし、あなたが丑松のような環境にいたら、丑松のように隠して生きますか、それとも公言して生きますか。

1. 今のあなたの意見を○で囲もう　　　　　　　　　　（　隠　す　　公言する　）
2. それはなぜでしょうか

   理由

3. 班になって、それぞれの意見を交流しよう
4. 交流してみて、あなたの意見はどうなりましたか

   理由

ボイス

- 本文の終わり方が差別に負けて逃げて終わるという印象がぬぐえないので、読んでいて悔しい思いになるのですが、教える側がどう考えてこの作品を取り上げるかで受け取る側の感覚も変わるのではないかと思います。
- 部落問題について知識のない状態で原文を読むと「部落」についてのマイナスイメージが入ってしまう可能性があります。実態に応じたワークシートのアレンジが必要です。
- 現代にも丑松思想はあります。そのような考え方を持たせている現状を知り、教職員一人ひとりが差別をなくす意思を強く持って教育に当たらなければならないのだと感じます。
- 小説『破戒』は何度も途中で読むことを断念してしまいました。あまりにも差別されている様子が心につきささり、読み進めることができなくなるのです。それでも読んでみて、当時の民衆の意識や水平社が創立するに至った状況がわかりました。子どもたちに怒りが湧き、おかしさに気づかせる機会になればと思います。
- イーストプレスの「まんがで読破」シリーズでも『破戒』が発刊されています。

24 人の世に熱あれ!!

大正時代 ～TAISHO～

～全国水平社～

迫りたいテーマ

全国の被差別部落の人々が、差別からの解放をめざし、水平社大会に結集したこと。そして、自らの団結の力によって、人間としての権利を取り戻すと宣言したことについて

ねらい

①水平社の創立や水平社宣言を通して、自らの立ち上がりと団結の大切さに気づく。
②水平社の創立が、被差別部落の人々に団結するすばらしさ、希望、勇気を与えたことを知る。
③水平社宣言の精神などから、自分自身の生き方について考える。

授業の流れ

時間	学習活動	予想される子どもの反応	留意点・準備物
0分	○西光万吉らの写真を見て、どのようなことに関わった人々かを想像する。	○明治政府の人たち ○工場の社長 ○お金持ちの人	**資料①** 「水平社創立に努力した人々」
5分	○「水平社」という名前からどのような団体かを考える。	○「水平」だから、船の会社。 ○人間の平等をもとめた団体。 ○水平＝平行。算数の勉強する人。	**資料②** 被差別部落の人々が、自らの団結の力によって、差別撤廃を求める運動を展開した。
10分	○西光万吉らが、水平社をつくろうとしたのはなぜか、考える。 （水平社創立の意味を知る）	○差別をなくそうと考えた。 ○解放令は、被差別部落の人にとって、いいものじゃなかったから。 ○解放令が出ても、差別が残っていたから。	○「解放令」が、部落の人たちにとっては、人間らしい生活を約束されたものではなかったことを想起させる。 ○米騒動など、当時の時代背景をつかませる。
20分	○全国水平社創立をむかえた被差別部落の人々の気持ちを考える。	○涙が止まらない、今まで相当差別がひどかったと思う。	**資料③** 「全国水平社創立大会の思い出」

人の世に熱あれ!! ～全国水平社～

時間	学習活動	予想される子どもの反応	留意点・準備物
		○今までの苦労が想像できそう。 ○団結を誓っている。 ○学校でも差別があったんだ。	資料④ 「山田孝野次郎の演説」 ○学校の中にも（先生からも）差別があることを訴え、子ども、女性の立ち上がりをうながしたことについてもふれたい。
30分	○荊冠旗を見て、「赤」と「黒」について考える。	○赤がトゲトゲだ。 ○赤は歯車みたい。 ○黒は暗黒の世界みたい。	資料⑤ 「荊冠旗」
35分	○水平社宣言（資料⑦）を読み、被差別部落の人々の思いや願いについて考える。 （印象に残った言葉や好きなところ、その理由などを書く） ○「人の世に（　　）あれ、人間に（　　）あれ」 （　　）の中に何が入るのかを考える。	○印象に残った言葉は…… ○私が好きなところは…… ○その理由は…… ○「真実・仲間・団結・自由・解放」など	資料⑥ 「水平社宣言（現代語訳）」 資料⑦ 「ワークシート」 ○当時の被差別部落の人々の思いや願いを想像させる。 ○差別をなくすためには、同情してもらうという運動ではなく、自分たちの運動でなければならない、という考え方に立ったものであることをつかませる。
45分	○「人の世に熱あれ、人間に光あれ」の意味について考える。 　熱とは何か？ 　光とは何か？を考える。	熱……情熱・ぬくもり・あたたかさ 光……希望・解放・平等・未来	○人の世に熱あれ＝人と人の間に差別のないこと。 ○人間に光あれ＝個としての人間の平等。 ○「人間全体」を宣言することで、「すべての人間」の人権を求めようとした。
55分	○水平社運動が、全国に広がっていったことを知る。 ○水平社の学習をして、自分たちが生きていくうえで、大切だと思ったことを3つカードに書く。	○「仲間・勇気・団結・真実・まとまり・差別を許さない・差別をしない」など。	
65分	○自分のカードと、資料⑧のカードを合わせ、その中から5枚を選び、自分にとって大切なものをランキングする。		○班の中で理由をつけながら意見交換する。やってみて気づいたことなども出しあう。

近・現代 ～kingendai～

155

資料

①水平社創立に努力した人々

1922年2月、大阪で撮影されたもの
左から西光万吉、駒井喜作、泉野利喜蔵
（水平社博物館提供）

全国水平社の創立者たち
左から平野小剣、米田富、南梅吉、駒井喜作、阪本清一郎、西光万吉、桜田規矩三
（水平社博物館提供）

②「水平」という言葉の由来

> 「あらゆる尺度というものは人間がつくった。そしてその尺度によっていろいろな差が出てくる。絶対に差ができないものは水平である。平等を表現するのは水平という言葉以外にはない」
>
> 「人類は平等でなければならない。今の平等は平等ではない。公平であるかどうかということを見るにはいろんな尺度がある。しかし、どんな計器を持ってきてもそれに勝るのが、水の平らかさである、それ以上の尺度はない」

福田雅子『証言・全国水平社』NHK出版 1985／高知県教育センター『つながり』

③全国水平社創立大会の思い出

> あの広い岡崎公会堂は、全国から集まってきた人でいっぱいやったんです。同じ差別に苦しんでいる兄弟がこんなに大ぜいいるんだと思うと胸があつくなって……。（中略）駒井喜作さんが宣言を朗読されたんですが、「全国に散在するわが特殊部落民よ団結せよ。長い間いじめられてきた兄弟よ」と読まれたとき、私の胸がこみ上げてきて涙が止まらないんです。隣の人も泣いているんです。読んでいる駒井君も、中途で何べんも絶句するんです。読み終わってからもなお、降壇するのを忘れて、あの大の男が茫然として立っているんです。

> 私もそのとき壇上にいたんですが、涙がとまらんのでかっこう悪いから下へ降りたんですが、あちらでもこちらでも、みんな抱きあって泣いているんです。私はみんなの中にはいって、泣いている人の手を握って涙ながらに、「団結するんです」と言ったら、「そうや、団結や」と言って私に抱きついて放さないんです。あのときの感激っていうたら、どういってよいか言葉ではあらわせません。

阪本清一郎

『荊冠の友』第8・9号 1967

④少年代表山田孝野次郎の演説

『荊冠の友』第8・9号 1967

> 　三尺足らずの山田少年が「学校卒業の謝恩会のときに、私は先生に恨みこそあれ恩はない」と言って、差別の数々を訴えているうちに声が出なくなった。その時、場内いっぱいにすすり泣く声ばかりでした。しばらくすると、少年は大声をはりあげ、「私たちは泣いている時ではありません。大人も子どももみんな団結して、差別のない社会をつくるために斗いましょう」と言ったんで、ほんとに感激して涙ながらで大拍手を送りました。
>
> 　　　　　　　　　　　　栗須喜一郎　談

> 　山田少年というと水平社創立大会の際に、参加者を前に演説した年端もいかない少年というイメージがある。山田少年は、水平社創立大会の時には16歳であったが、体が小さかったことから14歳としていた。彼が小さかったのは「小人症」という病気のためであった。しかしながら、大阪の西浜水平社創立大会で、水平社に批判的な人々がピストルを持って入場してくるという噂が広がり参加者が動揺し始めた時、山田少年は壇上に駆け上がり「この私をうって下さい。そんなことをこわがるようでは駄目です。こわい人は、すぐ帰って下さい」と怒鳴りつける図太さがあった。このような山田少年であったからこそ、松本治一郎の懐刀として全国を飛びまわり、福岡では反軍闘争に取り組んだが、わずか25歳という若さでその短い生涯を終えた。

『水平社の源流』編集委員会編　『水平社の源流』解放出版社　1992／高知県教育センター『つながり』

⑤荊冠旗

　西光万吉が考案したもの。赤い荊冠は被差別の苦闘の歴史の中で生き抜いてきた誇りを意味し、黒い背景は差別のある厳しい世の中を意味していると言われている。

　全体として、差別を跳ね返し、被差別者として誇りを持って生きていくという理想を表現している。

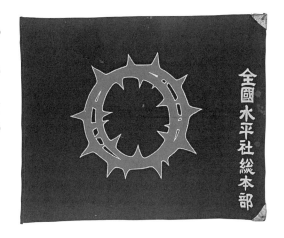

⑥水平社宣言（原文）　＊注　賤称語がそのまま載っています

宣言

全國に散在する吾が特殊部落民よ團結せよ。

長い間虐められて來た兄弟よ、過去半世紀間に種々なる方法と、多くの人々によってなされた吾等の爲めの運動が、何等の有難い效果を齎らさなかった事實は、夫等のすべてが吾々によって又他の人々によって毎に人間を冒瀆されてゐた罰であったのだ。そしてこれ等の人間を勸るかの如き運動は、かえって多くの兄弟を堕落させた事を想へば、此際吾等の中より人間を尊敬する事によって自ら解放せんとする者の集團運動を起せるは、寧ろ必然である。

兄弟よ、吾々の祖先は自由、平等の渇仰者であり、實行者であった。陋劣なる階級政策の犧牲者であり男らしき産業的殉教者であったのだ。ケモノの皮剥ぐ報酬として、生々しき人間の皮を剥ぎ取られ、ケモノの心臓を裂く代價として、暖い人間の心臓を引裂かれ、そこへ下らない嘲笑の唾まで吐きかけられた呪はれの夜の惡夢のうちにも、なほ誇り得る人間の血は、涸れずにあった。そうだ、そして吾々は、この血を享けて人間が神にかわらうとする時代にあうたのだ。犧牲者がその烙印を投げ返す時が來たのだ。殉教者が、その荊冠を祝福される時が來たのだ。

吾々がエタである事を誇り得る時が來たのだ。

吾々は、かならず卑屈なる言葉と怯儒なる行爲によって、祖先を辱しめ、人間を冒瀆してはならぬ。そうして人の世の冷たさが、何んなに冷たいか、人間を勸る事が何んであるかをよく知ってゐる吾々は、心から人生の熱と光を願求禮讃するものである。

水平社は、かくして生れた。

人の世に熱あれ、人間に光あれ。

大正十一年三月三日

全國水平社

水平社宣言（現代語訳①）

全国各地で、歯を食いしばって生きている被差別部落のみなさん、今こそ手を取り合って進みましょう。

長い間いじめられ差別を受けてきた被差別部落のみなさん。一八七一年の解放令から約五〇年、私たちのためといって、多くの人々によって差別をなくすための運動が行われてきました。しかし、それらの運動はあまり役に立ちませんでした。人間は平等であり、尊敬すべきものなのです。しかし、人をあわれんだり、同情したりする考え方しかもたない人々は、私たちを気の毒な人たちだと思って運動してきたのです。

私たちを救ってあげようという運動は、かえって多くの私たちの仲間をだめにしてしまいました。だから、今、差別を受けている私たち自らが立ち上がったのです。人間だれをも尊敬し、大切にすることによって差別のない社会をつくろうという運動を自主的にはじめたのです。私たちは、私たちの手で部落差別をなくしていくのです。

被差別部落のみなさん、私たちの祖先は差別を受けながらも、自由で平等な社会を願い、闘ってきました。私たちは政府の身勝手な政治によってつくられた身分制度の犠牲者であったが、世の中に欠かすことのできない仕事に携わり、社会を支える存在でもあったのです。その中でさまざまな差別を受けてきたのです。しかし、そのような悪夢のような差別の中でも、私たちの祖先の体の中には、誇り高く生き抜こうとする人間のあたたかい血が残っていました。そして、その血を受けついだ私たちは「民衆が世の中の主人公になる時代」にたどりついたのです。私たちのしてきた人に嫌われる仕事をしてきた私たち自身を誇れる時代がやってきたのです。

私たちは、この世の中が、私たちを差別することのみにくさに気づかない人々や、差別されることのつらさに気づかない人々が多くいる冷たい世の中だということを知っています。だから私たちは、心から人間の尊さやあたたかさが大切にされる、差別のない世の中を心から願うのです。

水平社はこうして生まれました。

人の世に熱あれ、人間に光あれ。

参考　水平社宣言（現代語訳②）

全国の各地にいる被差別部落の仲間たちよ、手を取り合って進もう。
長い間差別され虐（しいた）げられてきた仲間たちよ。
明治四年に身分解放令が出され、私たちの身分が穢多でなくなってから半世紀が経過した。
その間実に様々な方法とおおくの人々によって、部落解放を目指すかの様な運動が行われてきた。
しかしそれらの運動は、差別解消への私たちの願いに応える何らの展望も結果も、もたらすことが出来なかった。
これは、これらの運動に取り組む人々が、被差別の立場にある私たちも、そうでない人たちも、人間の命の尊さを考えなかったからである。
そして、こうした人間を憐れんだり同情したりする考えしか持たず、気の毒な人たちを救ってあげようとかの、あたかも私たちを侮辱したような運動が部落解放を目指すどころか、かえって多くの私たちが立ち上がり、人間の生命の尊さを強く訴えることによって、内と外に向かって祖先の生きてきた道に誇りを持って切り拓こうとして強く手を結び、部落解放運動を起こそうとしているのは当然のことではないのか。
私たちは私たちの手で部落差別を解消していくのだ。
仲間たちよ、私たちの祖先先輩たちは被差別の立場の中で自由で平等な社会を願い、これをかち取るために闘ってきた。
身勝手な政治によって作られた身分制度の犠牲者であり、いろいろな政治状況の中で、いろいろな経済状況の中で、いつの世も差別をされてきた。
人の嫌がる仕事をさせられ、その仕事が社会にとって大切なものであるにも関わらず、仕事を理由として差別され続けてきた。
死牛馬の皮を剥ぐ仕事をして得たものは、穢れた仕事をする穢れた人間として差別されることであった。
生き物を屠殺し、これを処理する仕事の代わりに得たものは、生きながら人間の心を引き裂かれるような厳しい差別であったのだ。
そして、その上に私たちは嘲け笑うような唾まで吐きかけられ本当につらい、暗闇の中で悪夢を見ているような時代にも、それだからこそ私たちの先輩は人間解放を信じ、誇りある人間として生きてきたのだ。
そうだ。私たちはこうした祖先の尊い闘いの歴史を知り、人間が本当に人間として生きようとしている時代を作りだそうとしているのだ。
差別の犠牲者である私たちが、その身体に焼き付けられた被差別の立場を世の中に向かって投げ返す時がきたのだ。
私たちのしてきた人に嫌われる仕事をしてきた人に嫌われる仕事を誇れる、そして人に嫌われる私たちが穢多であることを、自由と平等を求めて人間解放を求めて闘ってきたことを、それらの全ての私たちの生きざまを、世の中に向かって誇れる時がきたのだ。
私たちはもう、自分たちを蔑むような言葉を言ったり、差別されることのみにくさに気付かない人々や、差別することのつらさに気付かない人々に臆病になったりして、祖先の生きざまを汚してはならない。
そうして、世の中の冷たさがどれ程であるのかを知っている私たちは、世の中のむごいものであるのかを知っている私たちは、心から人の世の限りない熱と光と希望を望むものである。
全国水平社はこうして誕生した。
人の世に熱あれ、人間に光あれ。

⑦「水平社宣言ワークシート」

全国各地で、歯を食いしばって生きている被差別部落のみなさん、今こそ手を取り合って進みましょう。

長い間いじめられ差別を受けてきた被差別部落のみなさん。一八七一年の解放令から約五〇年、私たちのためといって、多くの人々によって差別をなくすための運動が行われてきました。しかし、それらの運動はあまり役に立ちませんでした。人間は平等であり、尊敬すべきものなのです。しかし、人をあわれんだり、同情したりする考え方しかもたない人々は、私たちを気の毒な人たちだと思って運動してきたのです。私たちを救ってあげようという運動は、かえって多くの私たちの仲間をだめにしてしまいました。だから、今、差別を受けている私たち自らが立ち上がったのです。人間をも尊敬し、大切にすることによって差別のない社会をつくろうという運動を自主的にはじめたのです。

被差別部落のみなさん、私たちの手で部落差別をなくしていくのです。

私たちは政府の身勝手な政治によってつくられた身分制度の犠牲者であったが、世の中になくすことのできない仕事に携わり、社会を支える存在でもあったのです。その中でさまざまな差別を受けてきたのです。そして、その血を受けついだ私たちは「民衆のあたたかい血が残っていました。そして、私たちの祖先は差別を受けながらも、自由で平等な社会を願い、闘ってきました。私たちの祖先の体の中には、誇り高く生き抜こうとする悪夢のような差別の中でも、私たちの手で部落差別をなくしていくのです。人間のあたたかい血が残っていました。誇り高く生き抜こうとする私たちは「民衆が世の中の主人公になる時代」にたどりついたのです。そして、人に嫌われる仕事を誇れる、そして人に嫌われる仕事をしてきた私たち自身を誇れる時がきたのです。

私たちが被差別部落の人間であることを誇りうる時代がやってきたのです。私たちは、この世の中が、私たちを差別することのみにくさに気づかない人々や、差別されることのつらさに気づかない冷たい世の中だということを知っています。だから私たちは、心から人間の尊さやあたたかさが大切にされる、差別のない世の中を心から願うのです。

水平社はこうして生まれました。
人の世に（　　）あれ、人間に（　　）あれ。

印象にのこった言葉・好きなところ

その理由

（　　）に何が入るだろう。想像してみよう。

人の世に（　　）あれ、
人間に（　　）あれ。

水平社宣言を読んで感じたこと

⑧ランキング

| 心の痛みを知っているから、人のあたたかさを大切にできる。 | みんなが心をひとつにして、力を合わせることが大切だ。 |

| 自分から立ち上がることが大切だ。 | みんなが「平等」に生きていく権利をもっている。 |

| 誇りをもって生きることが大切だ。 | 人間の社会はあたたかいものでありたい。 |

| 夢や希望を失わないで生きていくことが大切だ。 | 「人間」は尊敬されるべきだ。 |

大阪府人権教育研究協議会編・発行
『わたし 出会い 発見 part2』1998

参考資料

岡崎公会堂とその内観（水平社博物館提供）

ボイス　水平社博物館に行ってみよう

● 奈良県御所市柏原に水平社博物館があります。全国水平社の授業をするにあたって、水平社博物館に行ってみました。

被差別部落民自身が自主的に部落解放運動を行っていったことなどが詳しく展示されており、全国水平社についての認識を新たにさせられます。また、全国水平社創立大会を疑似体験できるファンタビューシアターもあります。

特にその中でも印象に残ったのが「阪本清一郎のＶＴＲ」の中の「人種も民族も国境もなくなる時が来る」という言葉です。部落差別だけでなく、他の差別のことまで言及し、国境のなくなる時まで考えていることに感動しました。

水平社博物館のまわりには、「西光寺」や「水平社宣言記念碑」、「駒井喜作宅跡」「山田孝野次郎記念碑」などがあり、フィールドワークをしながら水平社について考えることもできます。

授業づくりには、実際に行ってみることも大切なことです。そうすることで、おもしろい発見や楽しい授業のネタを見つけることができるのかもしれません。

ボイス　水平社宣言とともに、山田少年にスポットを当ててみよう

● 山田孝野次郎は、成長ホルモンの分泌異常による小人症という病気でした。子どもの頃に医者から「この子は成人するまで生きられない」と言われていたそうです。彼は尋常高等小学校卒業式直前の全国水平社創立大会に参加し「今私どもは泣いている時ではありません。大人も子どもも一斉に立ってこの嘆きの因を打ち破ってください。光り輝く世の中にしてください」と演説し、参加者の感動を呼びました。

彼は、卒業式で卒業生総代として答辞を述べました。はじめは教えられたとおりの謝辞を述べましたが、途中から憤りをあらわにして差別教育を告発しました。卒業式は混乱に陥り、卒業式後の茶話会でも今までの教育のあり方に対して反感さえ抱くものであると糾弾しました。

その後、全国水平社少年代表として全国各地で、部落差別によって自ら死を選ばざるを得ない人の多いことや、部落の人々が差別によって貧困に追いやられていることなどを訴えました。第2回水平社大会では「全国少年少女水平社設立」を提案し、満場一致で可決されました。彼の活動によって少年少女水平社は全国各地に広まりました。教育の場における差別が差別社会をつくること、そして子どもたちが長い時間を過ごす学校に部落差別が存在することはあってはならないことです。子どもからの訴えは、とても重要なものだったと言えます。教室の中はひとつの小さな社会です。山田少年にスポットを当てることで、子どもたち自身にまわりの人たちとの関係性について考えさせることができるのではないでしょうか。（『部落問題学習の授業ネタ―5歳から18歳でやってみよう』〈解放出版社2009年〉に関連するネタあり）

近・現代 〜kingendai〜

25 教科書タダへの道

現代 ～GENDAI～

～教科書無償化～

迫りたいテーマ
教科書無償化に向けた闘いについて

ねらい

あたりまえのように思われているタダの教科書。この教科書無償化に向けた闘いがあったことを知り、闘った親の願いを通して学習することの大切さに気づく。

授業の流れ

時間	学習活動	予想される子どもの反応	留意点・準備物
0分	○日本国憲法には「権利」と「義務」があることを教科書から読み取る。	○知っていた。 ○聞いたことがある。	○日本国憲法は「すべての国民が幸せに生きるためのもの」であることを確認する。
5分	○義務教育を知る。 ○教育を受ける権利 ○教育を受けさせる義務 ○教科書が無償であることを知る。	○義務教育がなかったらいいのに。 ○知らなかった。	
10分	○もし教科書が無償でなかったらどうなるか話し合う。	○買うのはもったいない。 ○姉・兄の教科書を使う。 ○友だちと貸し合いする。	
25分	○高知市 長浜の教科書無償化までの闘いを知る。 ○なぜ「無償」を求めたのか。誰のために闘ったのかを考え、発表する。		○部落差別による貧困でノートや教科書すら買えない。「子どもに教育を受けさせたい」という母親の切実な思いをおさえる。

時間	学習活動	予想される子どもの反応	留意点・準備物
			○学校に行くことがどのような力となるのか（仲間づくり）を考えさせたい。 ○学力をつけることがどのようなことにつながるのか（進路保障）を考えさせたい。

①日本国憲法

第26条
1　すべて国民は、法律の定めるところにより、その能力に応じて、ひとしく教育を受ける権利を有する。
2　すべて国民は、法律の定めるところにより、その保護する子女に普通教育を受けさせる義務を負ふ。義務教育は、これを無償とする。

②教科書無償給与制度

1. 義務教育教科書無償給与制度の趣旨
　　義務教育教科書無償給与制度は、憲法第26条に掲げる義務教育無償の精神をより広く実現するものとして、我が国の将来を担う児童生徒に対し、国民全体の期待を込めて、その負担によって実施されています。
　　教科書無償は、義務教育無償という理念の下に広く世界中で行われていますが、殊に我が国においては、教科書の役割の重要性から、その使用義務が法律で定められており、就学義務と密接な関わりのあるものとして、授業料の不徴収に準じて教科書を無償給与すべきことと考えられます。
　　また、この制度は、次代を担う児童生徒の国民的自覚を深め、我が国の繁栄と福祉に貢献してほしいという国民全体の願いを込めて行われているものであり、同時に教育費の保護者負担を軽減するという効果を持っています。

2. 義務教育教科書無償給与制度の実施の経緯
　　この制度は、「義務教育諸学校の教科用図書の無償に関する法律」（昭和37年3月31日公布、同年4月1日施行）及び「義務教育諸学校の教科用図書の無償措置に関する法律」（昭和38年12月21日公布、同日施行）に基づき、昭和38年度に小学校第1学年について実施され、以後、学年進行方式によって毎年拡大され、昭和44年度に、小・中学校の全学年に無償給与が完成し、現在に至っています。平成29年度政府予算には、義務教育教科書購入費等として、約416億円が計上されています。

3. 無償給与の対象
　　教科書無償給与の対象となるのは、国・公・私立の義務教育諸学校の全児童生徒であり、その使用する全教科の教科書です。

また、学年の中途で転学した児童生徒については、転学後において使用する教科書が転学前と異なる場合に新たに教科書が給与されます。

4. 諸外国における無償制度の状況

　諸外国における教科書無償制度の状況をみると、先進諸国においてはもちろんのこと、その他の国々においても無償制とするものが大勢を占めています。

　ただし、無償制を採る国の中には、それぞれの国における教科書の在り方の違いなどから、貸与制を採る国と給与制を採る国がありますが、いずれにしても、保護者に教科書費用の負担を課していません。

諸外国における初等中等教育教科書無償制度の概要

（平成13年3月、平成21年3月の（財）教科書研究センター調査研究報告より）

国　　名	初等教育教科書 無償	初等教育教科書 有償	中等教育教科書 無償	中等教育教科書 有償	備　　考
イギリス	○		○	○	後期中等教育教科書は有償
ド　イ　ツ	○		○		
フランス	○		○	○	後期中等教育教科書は一部の地域圏でのみ有償
スウェーデン	○		○		
フィンランド	○		○		
ノルウェー	○		○	○	後期中等教育教科書は有償
アメリカ合衆国	○		○		
カ　ナ　ダ	○		○		
韓　　国	○		○	○	後期中等教育教科書は有償
インドネシア	○		○	○	中等教育教科書は学校により異なる
ニュージーランド	○		○		
タ　　イ	○			○	
中　　国		○		○	
シンガポール		○		○	
ロシア連邦		○		○	
マレーシア	○	○	○	○	低所得家庭の子女には無償
オーストラリア	○	○	○	○	学校により異なる
日　　本	○		○		後期中等教育教科書は有償

③「義務教育諸学校の教科用図書の無償に関する法律」(昭和37年法律第60号)の提案理由(抄)

　教育の目標は、わが国土と民族と文化に対する愛情をつちかい、高い人格と識見を身につけて、国際的にも信頼と敬愛をうけるような国民を育成することにあると思います。世の親に共通する願いも、意識すると否とにかかわらず、このような教育を通じて、わが子が健全に成長し、祖国の繁栄と人類の福祉に貢献してくれるようになることにあると思うのであります。この親の願いにこたえる最も身近な問題の一つとしてとりあげるところに、義務教育諸学校の教科書を無償とする意義があると信じます。

　そして義務教育諸学校の教科書は学校教育法の定めるところにより主要な教材としてその使用を義務づけられているものであります。

　感じやすい学童の心に最も影響のあるこの教科書について、かつて各方面からいろいろの批判を受けましたことは御承知の通りでありますが、最近新しい学習指導要領が作られるに及び、日本人としての自覚を持たせるに足る教科書が刊行されるようになりました。

　このように教科書は改善されつつありますが、政府は、昭和26年以降、小学校1年に入学した児童に対し、あるいは義務教育無償の理想の実現への一つの試みとして、あるいはまた、国民としての自覚を深め、その前途を祝う目的をもって、一部の教科書を無償給与したことがありますが、間もなく廃止されたことは御承知の通りであります。

　今日では要保護、準要保護児童生徒合わせて120万人に対し無償交付が行われています。

　そこで、このたび政府は、義務教育諸学校の教科書は無償とするとの方針を確立し、これを宣明することによって、日本国憲法第26条に掲げる義務教育無償の理想に向って具体的に一歩を進めようとするものであります。

　このことは、同時に父兄負担の軽減として最も普遍的な効果をもち、しかも児童生徒が将来の日本をになう国民的自覚を深めることにも、大いに役立つものであると信じます。又このことはわが国の教育史上、画期的なものであって、まさに後世に誇り得る教育施策の一つであると断言してはばかりません。

④「義務教育諸学校の教科用図書の無償給与制度に関する趣旨の徹底について」
(文部省初等中等教育局長通知　文初管第106号　昭和58年1月21日　各都道府県知事・各都道府県教育委員会・義務教育諸学校を附置する各国立大学長・国立久里浜養護学校長あて)

　義務教育諸学校の教科用図書の無償給与制度は、「義務教育諸学校の教科用図書の無償に関する法律」(昭和37年法律第60号)及び「義務教育諸学校の教科用図書の無償措置に関する法律」(昭和38年法律第182号)に基づき、昭和38年度より行われているものであり、実施以来20年にわたり、我が国の学校教育を支える重要な施策として、その発展充実に大きな役割を果たしてきました。

　しかしながら、最近、現下の厳しい財政状況等を背景に、義務教育諸学校の教科用図書の無償給与制度の趣旨、必要性など制度の基本にかかわる論議が行われ、その関連で、学校教育活動における教科用図書無償の意義の理解や教科用図書の取扱いについて種々の意見が出されております。

　いうまでもなく、義務教育諸学校の教科用図書の無償給与制度の趣旨は、憲法第26条に定める義務教育無償の精神をより広く実現するものとして、我が国の将来を担う児童・生徒に対し、国民全体の期待をこめて、その負担によって実施しようとするものであります。

　したがって、教科用図書の給与は、制度の趣旨を十分徹底させるため、入学式又は始業式の当日等において、校長がこの趣旨を説明して直接支給することが適切であるとされているのであり

ます(「義務教育諸学校の教科用図書の無償措置に関する法律等の施行について」(昭和39年2月14日付け文部事務次官通達))。この際、改めてこの制度の趣旨に思いをいたし各学校においてはこのことを一層徹底し、児童・生徒に対する適切な指導が行われるようにするとともに、更に保護者に対してもこのような趣旨が理解されるような配慮が必要であります。ついては、貴職におかれては、上記の点に留意の上、適切な教科用図書の取扱いについて、格段の配慮をお願いします。

また、貴管下の市町村教育委員会、学校法人理事長等に対し、この趣旨を徹底されるよう、併せて御配慮願います。

⑤ 教科書無償闘争

教科書・教育費無償の闘いは戦前からあり、戦後は各地で多様に進められたが、歴史的、しかも決定的な闘いは、1961年(昭和36)から始まる高知・長浜の教科書無償闘争である。高知市長浜・原は土佐湾にのぞむ半農半漁の部落である。仕事らしい仕事に恵まれず、母親たちの多くは失業対策事業に出て働いていた。当時の〈失対〉は1日働いて約300円。この母親たちは、毎年3月を迎えるのが辛かった。子どもたちに教科書を用意してやらなくてはならないからである。教科書代は小学校で当時約700円、中学校になると約1200円。〈失対〉で働く親たちにとっては、かなりの額であった。

そのころ母親たちは、学校の教師と学習会をもっていた。憲法を学習している際に、憲法26条に〈すべて国民は、法律の定めるところにより、その保護する子女に普通教育を受けさせる義務を負う。義務教育は、これを無償とする〉とあることを学び、権利意識にめざめた。母親たちは、学校の教師をはじめ、地域の民主団体や部落外の人々にも働きかけ、〈長浜・教科書をタダにする会〉を結成した。〈タダにする会〉は、集会を開き一署名活動にかかり、多くの団体にも働きかけた。部落解放同盟を核として社共両党・教職員組合・民主教育を守る会などが支持を決意した。高知市議会も、小・中学の教科書を無償にするよう内閣総理大臣や文部大臣あてに〈意見書〉を提出している。

高知市教育委員会としては、憲法にも定められているので拒否できない。各団体も積極的に動く。交渉につづく交渉でつめられ、新学期までには教科書を無償で渡すと約束。ところが、新学期に入る直前に、約束をホゴにしてしまう。また交渉につぐ交渉。教委の総辞職。かわって市長があたり、約束。またホゴという状態が続いたとき、すでに新学期から1カ月が経過していた。子どもたちも教師も、教科書なし、プリントでともに闘う。だが、小・中学の教科書である。プリントでは授業が難しい。全校生徒のほぼ4分の1が無償になったのを機に、涙をのんで闘いを打ち切る。だが、翌年も再び闘いにたち上がる。

この闘いには、部落大衆をはじめ、貧しい民衆の熱い要求がこもっていた。憲法の精神にも合致している。国会でもさすがに大きな問題であるとして取り上げられ、文部省は1963年(昭和38)12月に〈義務教育諸学校の教科用図書の無償措置に関する法律〉を成立させた。部落解放運動や教組の長い闘いが基礎となって、ついに、教科書無償が全国的に実現したのである。64年は小学校1～3年、65年は1～5年、66年には1～6年、さらに67～69年にかけて中学校1～3年の各学年へと順次枠を広げ、小・中学校全体が無償となった。

全国解放教育研究会編『部落解放教育資料集成』10巻(明治図書 1980)より

⑥教科書無償給与の流れ

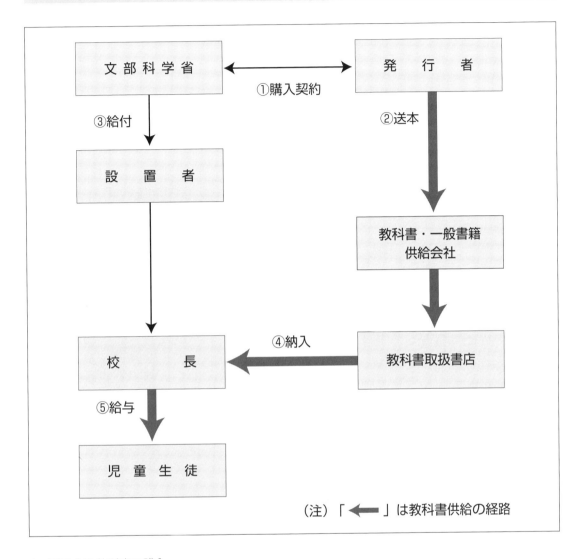

(注)「←」は教科書供給の経路

1. 国による教科書の購入
　　文部科学大臣は、無償措置法の定めるところにより、採択された教科書について発行者と購入契約を締結します。
　　教科書の購入については、文部科学大臣は発行者に対し、一定の割合で教科書使用年度の前年度に、購入費の一部をあらかじめ支払う事ができることとなっています。
2. 発行者による教科書の送付
　　発行者は、教科書・一般書籍供給会社、教科書取扱書店等の教科書供給業者に依頼し、作成した教科書を各採択数に応じて全国各地に送付します。送付された教科書は、通常、教科書取扱書店に保管され、学校に納入するための準備が行われます。
3. 学校の設置者等からの教科書取扱書店への納入指示
　　教科書は、国から学校の設置者・校長を通じて無償給与されることとなります。これらの設置者等は、発行者の供給代行者である教科書取扱書店に対し、教科書の納入について、その冊数、

場所、期日等を指示します。
4. 児童・生徒への教科書の給与
　　教科書取扱書店は、納入指示に基づき各学校へ教科書を納入します。納入された教科書は、児童・生徒に給与されますが、その際校長は、教科書の無償給与制度の趣旨を児童・生徒に十分説明して給与することとされています。

⑦教科書無償の主な根拠法令

無償措置法　無償措置法施行令、無償措置法施行規則　会計法第22条　予算決算及び会計令臨時特例第3条　学校教育法

ボイス　教科書無償

● この授業プランをつくるまで、教科書無償までの闘争を知りませんでした。つくってみて、教科書をありがたく感じるようになりました。研究していく中で「タダの会」という名前とその闘争内容に驚きました。子どもに教育を受けさせたい一心で立ち上がり行動する母親たちの姿、母親たちの熱い思いは想像を絶するだろうと思いました。

● 文部科学省が教科書無償制度についてコラムを公開しています。
http://www.mext.go.jp/a_menu/shotou/kyoukasho/gaiyou/04060901/__icsFiles/afieldfile/2017/06/19/1235098_002.pdf

(『部落問題学習の授業ネタ－5歳から18歳でやってみよう』〈解放出版社 2009年〉に関連するネタあり)

教科書タダへの道〜教科書無償化〜

教科書無償闘争が実り、無償配布の真新しい教科書を開く子どもたち（高知新聞社提供）

26 STOP THE 就職差別

現代 ～GENDAI～

～統一応募用紙～

迫りたいテーマ
就職差別撤廃について

ねらい
①社用紙（身上調査票）が個人の不必要な情報や差別的な質問にもとづいて、採用を決めようとしていたものであることに気づく。
②社用紙の改善や就職差別撤廃の運動を進めた結果、生まれた統一応募用紙の意義を考える。

授業の流れ

時間	学習活動	予想される子どもの反応	留意点・準備物
0分	○今、就職試験の会場に来ています。時は1971年です。配布した社用紙に記入しなさい。	○社用紙に記入（5分）	○わかるところのみ書くように指示する。
5分	○記入してみて書くことができないところや、なぜこんなことまで書かないといけないのかという項目を発表する。	○父親の月収、思想、読書内容、親友の名前、本籍地など	○出てきた発言をすべて黒板に記入する。
15分	○この中で「あなた自身の責任でないもの（採用される本人自身に関係のない項目）」はどれか、班で相談して発表する。	○親の職業、月収、住んでいる場所など	○こんな社用紙がかつては一般的で、本人に関係のない事項で差別・選別されていたことを告げる。
25分	○「この社用紙の項目を必要最低限に10項目まで絞るとしたら、必要な項目はどれか」班で相談して発表する。	○生年月日、住所、連絡先、学歴、資格、志望動機など	

時間	学習活動	予想される子どもの反応	留意点・準備物
35分	○統一応募用紙（履歴書）を配布。 ○統一応募用紙と社用紙を見比べる。	○自分たちが絞った10項目が入っている。 ○本人に関係のないことは記入しなくてよい。 ○思想、信条など憲法で自由が認められていることについても書く欄がない。	○多くの指摘があった疑問点や差別につながる点が改善された→ 統一応募用紙 （1973） ○統一応募用紙の趣旨について説明 ○本人の責任に属さない事項についての選考はしない。
	○統一応募用紙になくてもいいのではというところはないか、その理由は？	○保護者の欄→ひとり親家庭がわかる。ルーツがわかる。	○本人の人権を侵す事項についての選考はしない。 ○本人の能力適正に関係のない事項についての選考はしない。
	○統一応募用紙の意義について考える。		○2005年4月1日に「統一応募用紙」が改定されたことを補足。 ○「保護者氏名」欄の削除。 ○「所属クラブ等」欄→「校内外の諸活動」欄に変更。 ○統一応募用紙が作られてかなりの年月がたつ。この間に統一応募用紙の趣旨が各企業にくりかえし伝えられてきたが、毎年のように違反事例がある。

社用紙・統一応募用紙

(1) 就職応募「社用紙」(1970年当時)

(2) 高等学校卒業者就職応募「全国統一用紙」

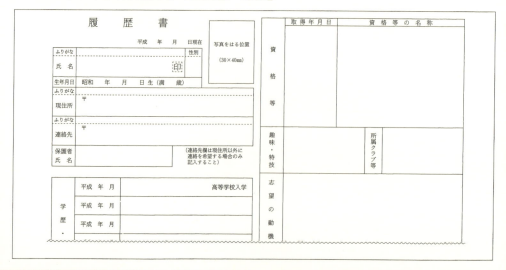

統一応募用紙とは

「全国高等学校統一用紙」とは、就職差別をなくしていくための同和教育運動による進路保障の取り組みと部落解放運動によって実現した、新規高等学校卒業者の就職応募に際して使用される申し込み用紙のことです。1973年度から、労働省・文部省（当時）の通達によって統一応募用紙が使用されることになりました。それ以前に使用されていた応募用紙は、企業がそれぞれ独自に様式を定めていたものでした。それを社用紙といいます。社用紙では、「資産」「宗教・信条」「支持政党」「親の有無」などの記入がもとめられています。

その当時、企業は求人をするにあたって生活保護をうけていたり、ひとり親であったり、何らかの問題を抱えている家庭について問題視しているところもありました。また、近所からの聞き込みという形でなされる家庭調査もおこなわれていました。当時の不調理由を見ると多くは面接者の主観的・印象的判断による面接不調や、性格不適・応募書成績不良・家庭環境不良など、これらは子どもの家庭生活や学校生活に具体的に反映した部落差別やその他の差別の現実によるものでした。

就職して少しでも家計を助けたいという生徒達の思いは、差別が生み出した厳しい家庭環境・生活条件からきているにもかかわらず、まさにそのことを理由として企業から採用を拒否される現実があった。こういう現実から統一応募用紙は作られてきたのです。

＜寺澤亮一さんの文章から引用＞

ボイス

- 「なぜ、このような授業をするのか」という問いかけを持つ子どもたちのためにも、まずは就職差別の実態を我々がきちんと話をする必要があると思います。
- この全国統一応募用紙（全国高等学校応募用紙）の考え方、精神というのは、高等学校だけ差別をしないというのではなく、中学も大学も同じなんです。それは就職差別を許さないということです。部落差別を許さないというだけでなく、親の職業による差別も許さない。ひとり親の家庭に対する差別も許さない。思想、信条で差別することを許さない。一切の差別をしない、させない、許さないという考え方をこの授業を通して学んでほしいと思います。
- 最近の就職やバイト事情は、パソコンやスマホのアプリででき、以前とは大きく変わってきています。質問内容のチェックは引き続き行っていかなければなりませんが、子どもたちに使いこなす力もつけていかなければなりません。
- 近年、就職活動の際にES（エントリーシート）の提出を求められることが多いです。インターネットの就職サイトを使ってのエントリーでは、データをソートすることで、前もって説明会案内を通知する人と満席になってから通知する人とに選別することも行われています。このように、採用過程での平等をよそおう企業が後を絶ちません。

（『部落問題学習の授業ネター5歳から18歳でやってみよう』〈解放出版社 2009年〉に関連するネタあり）

教科書で部落問題学習を！
～教科書記述の変遷と部落起源～
中尾健次（大阪教育大学）

部落の実像と教科書

　現在使われている2002年度版教科書に部落問題に関わる記述がどのようになされているかといったお話を中心にしていきたいと思います。小中高と見ていくと、小学校が一番部落史の研究を踏まえています。中学校がそれに次ぎ、高校になると劣るという感じがしています。その理由として考えられるのが、執筆者が部落史の内容を捉えているかどうかということでしょう。

　ただ、江戸時代の被差別身分に対する蔑称をどう扱っているかですが、「えた」「ひにん」という言葉は幕府権力側が作った呼び方であり、呼ばれる側は反発・拒否していました。「えた村」と幕府が呼んだのに対して「役人村」と言い替えたり、農村部落でも「えた村」と呼ばれるのに対し「かわた百姓」「かわた村」と返し、「えた頭」と呼ばれたのを「長吏頭」と言い換えたりしています。高校の教科書でも部落史の研究を踏まえているものは、「えた」「ひにん」という蔑称記述ではなく、「かわた（長吏）」と書いてあります。これは非常に評価できると思います。

　最も早くから部落史の研究成果を踏まえていた小学校教科書があるんですが、部落史に関する記述は近世に限らず近代にも出てきます。ここでは近世の記述に限ってのお話にしておきますが、教科書に最初に部落問題の記述が表れたのが1975年です。73年の部分改訂のときに一部の教科書に出てきていますけれども、まんべんなく出たのが75年です。75年のものから現行のものまでを見てみますと、部落史をどう捉えているかその流れを見ることができます。たとえば75年の記述を見ますと「住む土地がかぎられていて、田畑を持つものもごくわずかで、その暮らしはみじめでした」と書かれてあります。これはのちに貧困史観・悲惨史観という批判を受けるわけですが、部落の人々は差別を受けるだけでなく生活も厳しかったという内容でした。これは1950年代60年代の部落史研究がそういう流れだったんです。ほとんど部落内部の資料がなかったものですから、当時の学者もずいぶん苦労しまして、結果的には目の前にある部落の実像を反映することになったんです。当時の部落は非常に貧困な状況でした。1954年に『部落の歴史と解放運動』という研究書が発行されました。これがその当時の部落史の基調になっているのです。それが教科書に反映したというわけです。教科書に記述された最初の頃に私は中学の教師になって子どもたちに教えていたわけですけども、部落の子どもたちは一斉に顔が下がりました。表情が暗くなりました。部落はずっと前から差別されっぱなし、しかも苦しい生活を強いられたと書いてあるんですから。自信喪失を子どもたちに注入しているようなもんです。そんなことで、学校現場からも批判が起こってまいりました。

変わる教科書記述

　1970年代から部落史の研究が大きく変わってきました。部落問題に対する国民的な認識が変わってきたことが大きな要因です。部落内の資料が続々と発掘され、発刊されるようになったんです。大阪では1969年に奥田家文書、これに刺激され更池村文書などが発掘・発刊されます。そのように部落内の文書が出ますとそんなに貧困でもないぞということがわかってくるのです。皮革産業にしても大阪の渡辺村には年間10万枚も集まりますし、革一品だけで現在の貨幣価値では200億円という収益をあげていました。周辺の村の雪駄づくりなどもそうです。南王子村では年

間15万足も作っていました。5万6万と雪駄を作っている村は近畿でもそこらじゅうにあったんです。現在の貨幣価値では6億円くらいの収益です。

　ところが、このような歴史認識が教科書に反映するのは少し遅くなります。1986年教科書でもまだ反映しません。「悪い条件の土地に住まわされ……苦しい暮らしを強いられました。」となっていて、あまり変わっていません。

　70年代の研究成果が教科書にあらわれるのが、1992年です。「河原など悪い条件の土地に住まわされ、人々の好まない仕事を強いられましたが、きびしい差別の中で、農業をはじめ、様々な仕事について、社会をささえました」。95年になるとさらに記述が増えてまいります。この95年くらいの書きかたが一番よかったかもしれないなぁと思ったりしています。「差別にたえながら、荒れ地を耕して農業を営み、人びとのくらしに必要な生活用具を作ったり、伝統的な芸能を伝えたりして、日本の社会や文化をささえていきました」となっています。あえて言うなら、人々のくらしに必要な道具とは何だろうかとか、伝統的な芸能とは何だろうかといった具体性には乏しいです。

　2000年からさらに変わっていきます。95年までは「幕府は、農民・町人の下に、さらに低い身分をおきました」となっています。被差別身分を作ったのは「幕府だ」と書かれてあるのです。中学校教科書では「幕府と藩」と言ったように書かれてありました。権力が被差別身分を作ったという位置づけ、つまり近世政治起源説になっていたのです。2000年には「さらに、農民や町人からも差別された人びともいました」と書かれます。主語がなくなって、差別された人びとがいたというあいまいではありますが、政治起源説を一歩後退させた記述になります。現在使われている教科書もここは同じです。

政治起源説の問題点

　政治起源説という言葉を使うかどうかは別として、政治権力の影響というのは必ずしも否定できません。ただ、どうやって差別の仕組みに組み込まれていったのかを研究者はこれまで説明してきませんでしたから、その説明は使命であり課題だろうと思います。

　政治起源説の問題点というのは、差別のあらゆる部分を政治が作ったというところです。住む土地が限られたというが、それは幕府が限ったのかどうか。河原などの悪い条件の土地に住まわされたというが、幕府が住まわせたのか。これは、村のでき方から考えなければならないと思います。幕府が悪い条件の土地に住まわせたわけじゃないのです。そういったことも含めて政治が作ったと考えるのが政治起源説の問題点だったのです。

　村のでき方を紹介します。中世の社会をイメージします。集落・村にはそれぞれ歴史があります。今ある村で古いのは平安の頃からある村です。荘園が全国各地に作られていきます。ところがその荘園の所有者は京都や奈良におるわけです。地方の人々は、荘園の中だろうがなんだろうが、自分で土地を開墾していきます。ところが自分が開墾したんやから、自分の名前をつけるというようなことが起こる。これを名田と言います。人の所有地の中に自分の土地があるということになります。こうやってできた村が一番古いものです。この村をa村とします。鎌倉時代になって名田が統廃合されたりしながら、新しい村ができます。これをb村としましょう。南北朝になると国が混乱します。新しい村ができます。全国で放浪していた商工業者がその村に定着し始めます。この村をc村とします。そういう村に山があったりすると、この山というのは人びとの暮らしに密着しているわけです。家を建てるときは木を切り出します。そういうときは村の人が総出でやるわけです。草を刈って肥料や飼料にしたり、筍や松茸や山菜もとれます。1つの村に1つの山があればいいんですけど、3つの村に山が1つしかないとし

ます。この山で松茸が100本とれたとしたら、今なら3で割って33本ずつといったようにするでしょうが、村制度ではそうはならないんです。半分の50本を一番古いa村が持っていきます。b村は30本。そしてc村が20本となるのです。a村はb村を差別しb村はc村を差別する。一番古いんだからと既得権でそうなるということになります。入会権というのはそういうものです。これは今も残っています。

川から水を引く場合も同じです。水利権ですね。古い村が得をし、新しい村が損をする。このカタチを維持しようとすればこの地域の掟が必要になります。掟を守らせるために、神社の氏子制度があるんです。今なら法務局で書類化されています。破ってるかどうかは裁判所がチェックするようになっているんですね。裁判所がない時代ですから、神の前で掟を守ることを誓うんです。これが氏子の制度です。みんなでいっしょのことをすると結束が固まるということで、祭りをしたりするわけです。そして神輿をかつぐ順番や主催する順番を決めたりします。それも古い村が優遇されるわけです。このような制度が1350年あたりから作られます。南北朝の頃です。

それが現代まで残っています。

学校の正門がどっち向いてるか調べてみるとおもしろいです。子どもがたくさん通ってくる方に向いてるとは限りません。古い村の方に向いてることって結構あるんですよ。古い村は今は子どもの数が減ってきているから、そんなことになってたりするんですね。「土地を持つことがいいことだ」「農業をすることがいいことだ」という価値観が当時はありましたから、商工業者は稼いだ金で土地を買って住む。しかし村制度ができた後に入ってきてますから、入会権などで差別的に扱われることになります。この典型が後のかわた村ということになります。

教科書では「悪い条件の土地に住まわされた」となっていますが、悪い条件のところを活用していかなければしかたないわけですね。兼業農家にならざるを得ないんですよ。さまざまな産業を工夫する、新しい産業を創っていくきっかけになったのですが。そういうことからすると、政治起源ではないわけです。しかし全面否定もできません。

城下町に見える身分制度

都市の被差別部落を例にとってみると、政治的な影響力が見えてきます。近世になると城下町が形成されます。城というのはもともと砦としての意味があって、守りやすく攻めにくい場所にありました。しかし近世の城は権威の象徴としての意味がありました。まわりにたくさんの人が住む城下町がありました。城を中心にしてそのまわりを武士団が住む。これは砦の流れを引いています。そのまわりに内堀を築きます。そのまわりに町人が住む。そしてそのまわりを外堀が取り囲む。そのまわりに百姓が住む。現在の都市もこのカタチが残っていますよね。商業都市であり政治都市でもあり、権力権威の象徴でもある。この城下町の構図を使って身分制度を教えることも可能です。武士・町人・百姓が、内堀・外堀を境界にして暮らしている。目に見える身分制度です。

さて、城下町というのは治安が乱れていました。とくに武士団が信用できない。下剋上の習慣がありましたから。チャンスがあればクーデターを起こしてやろうという考えでしたから武士団に目を光らせる必要があったのです。また城下町には貧しい人々が集まってきました。戦国時代に土地は荒らされ家は潰され、農業では食べていけないという人々がいる。城下町では工事が進められているので、土木の仕事をはじめ仕事がいろいろあったんです。ところがある程度、町が完成してくると仕事がなくなってきます。仕事を求めて各地でたむろするようになります。神社の境内やお寺の門前なんかに住むようになります。このような人を貧人というようになります。日葡辞書（ポルトガル語の辞書）をみると、これがhinninなのにhininとなっていて、nが足りないんです。ひんにんと書いてひにんと読ませているみたいなんです。これが後に人に非ずの非人になったんではないかと思われます。非人という言葉そのものは昔からあります。戸籍に登録されている人（公民）に対する対義語として。奈良時代には支配の及ぶところまでを戸籍に登録していました。及ばないところをこのように呼んでいたんです。同じ言葉でしたけど意味は全く違います。古代には、橘逸勢（たちばなのはやなり）という人が朝廷に逆らったということで公民権停止という意味で非人の姓を賜るということがありました。非人にすることで市民権を与えないということです。近世の非人は貧人からきてますから、仕事もしないろくでもないやつだということで権力側は人に非ずという言葉をあてたのかもしれません。

御用～政策による差別～

　このような非人を管理する、また城下の治安をつかさどる人々が必要になってきます。それが町奉行です。大坂には東町奉行と西町奉行がおかれ、その下には与力・同心がおかれました。町奉行というのは現代の大阪に置き換えると、大阪市長プラス大阪府警の本部長プラス大阪高等裁判所の裁判官みたいなもんです。忙しいので東と西で月交替で窓口を開けるんです。開いてないときは暇かというとちがって、受け付けたら次の月にいろいろ調べます。中には話せばわかる町奉行とそうでない町奉行がいて、人気のある町奉行とそうでない人がいるんです。江戸の大岡越前や遠山の金さんなんか人気があって忙しかったんですね。学校なんかも似たとこがあるかもしれません。大岡越前は南町、北町に遠山の金さん。時代は違いましたけど。金さんなんか刺青して町を出歩いてってやってますけど、実際のところはそんな暇じゃないんですよ。

　大坂は町奉行が1人ずつ×2、与力が30人×2で60人、同心が50人×2で100人。162人で町を管理してたわけです。目明しはどうかと言いますと、同心が個人的に小遣い程度渡して雇っていたんです。今で言うと1日に千円か二千円位じゃないですかね。

　正式なものとしては役人村というのがありました。各町内から役人村に人を出させていれば問題なかったんですが、特定の地域の人にやらせたんです。大坂では皮革の町・渡辺村。京都では皮革職人の町に加え、青屋という染物屋、江戸は皮革職人が駆り出されています。その仕事としては刑罰の仕事が多かったんです。慶長年間から断罪御用というのを命ぜられています。断罪というと死刑執行してたんだろうと思うかもしれませんが、そうではありません。刑の執行は江戸・大坂の場合、次のようになっています。6種類の死刑があるんです。下手人・死罪・火罪・斬首のうえ獄門・磔（はりつけ）・鋸びきのうえ磔。江戸時代の死刑の基本形は斬首です。首を切るということです。それぞれどう違うかというと、下手人は首を切ったら終わり。死罪は死体をどう処理されても構わない。刀の試し切りなんかに使われます。時たま腑分けに使われます。思わずやってしまった殺人や気がついたら死んでたといった場合は下手人。計画殺人は死罪。下手人と死罪は役人村の仕事ではありません。若手の同心が刀を振るのに

慣れておかねばならないのでやりました。
　刀っていうのは重いんですよね。大刀小刀合わせて2キロあります。十手は1キロ。同心は左に2キロ右に1キロ、合わせて3キロ腰につけて歩いてるということになります。普通の侍なんて、刀を抜くことなんてそうありませんからね。差してるだけです。首を切る同心は結構失敗もしたみたいです。何度も切られるもんやから、罪人に怒られたっていう資料も残っています。
　断罪御用というのは火罪から上のめったにやらない刑執行のときのものです。火罪なんて一生に1回見れたらラッキーみたいなもんです。火罪から上は刑にいろいろ付け加わります。市民に対する見せしめということです。市中引き回しの上三日晒し火罪に処すとか、獄門に処すといった感じで。罪人を馬に乗せ、引き回すときに馬の口を引っ張る人が一人、役人村から派遣された。また、罪人のプロフィールを書いた重い立て札を持って馬の前で歩く人が交替要員も入れて3人、役人村から派遣されます。そのまわりをガードマンが警備しました。ガードマンは与力2人同心12人、役人村から26人。市民に対する見せしめなので、最短距離の内堀の外側を歩きます。三日晒しの場合、高麗橋の橋詰に晒し小屋というのを建てて三日晒すんです。簡単な小屋に杭が打ってあって、そこに罪人を縛り付け座らせます。プロフィールの立て札を立てて、右と左に12時間交替で番人を立てました。12時間だからたいへんですよね。しかもこの御用は前日の夕方に役人村に連絡されるんです。明日の仕事があっても御用は断れないんです。御という字が一字付いただけで、ただ働きだけどどんな儲かる仕事があっても断れないんです。
　このときに鋸びきというのが付け加わる。鋸びきのうえ磔というときの鋸ですが、竹を切ったもので、全然切れないんです。三日晒しのときにこれを置いておく。それで道行く人が罪人をいじめても構わないというものです。これはあまりに残酷だということで、そのうちやらなくなりました。

12時間番をしてますから、市民からいろいろ言われます。こういったことや、役人村に組み込まれていったことなどは政治の影響力もあると言えるでしょう。

理解しにくいケガレ

　ただやはり中世からの差別意識を反映しているところが基本にあるでしょう。皮革職人や青屋、髪結職人といった中世の掃除・キヨメに従事した人が役人村に組み込まれています。これらの職種は化学反応を利用した先端技術でした。もののけ姫に出てくるたたらも製鉄技術として最先端技術だったでしょう。鉄を溶かすというのが庶民には理解できない。鍛冶小屋というのは村外れにできます。村の境界というのは山の中にあって、その山を越えたところに鍛冶小屋があるんです。農機具が壊れたら修繕してもらわなくてはならない。鍛冶屋さんが村をまわってくるのを今か今かと待つわけです。でも村には絶対に入れない。鍛冶小屋に農機具を持って行って、治った頃に取りに行くのです。鍛冶屋は全国をまわっていましたが、鍛冶屋が村に入ってくると作物が育たなくなると信じ込まれていたのです。それが中世の後半になると、技術が知れ渡って村の鍛冶屋となっていきます。長い年月がかかったのです。でも鍛冶屋なんていうのは、早く理解されたほうで、青屋などは近世に入っても差別が残りました。京都で罪人の番をさせられたのも青屋でした。泥色をした布が空気に触れることで青くなるという藍染の化学反応が理解できなかったので、不思議な力をもっていると思ったのです。こういうものをケガレとしたのです。理解しがたいことはケガレが起こすと。そしてその人自身もケガレると。
　皮革の技術もそうです。脱毛して、裏すきをしてという技術。皮というのは表面に毛が生えていて、皮下脂肪があって、肉がある。この皮下脂肪に包丁を入れて皮をはいでいきます。この皮下脂肪を残さずにはいでいくのが職人の腕の見せ所です。皮の表を銀面。裏

をトコといいます。表の脱毛は根っこから抜きます。鹿や羊の場合は皮が柔らかいので、削り取るように抜きます。牛や馬の場合は表面にきれいな光沢があるので根っこから抜くんです。太鼓用の皮の場合は薄いんですが、鎧用は少し厚いんです。皮を一晩水に浸けて柔らかくなったら、お腹にあてます。そしたら自分にあった鎧ができます。皮ってのはこうやっていろいろな形にできます。犬用のガムも牛皮でできていますから、それで太鼓が作れます。なるべく大きいガムを買ってきてコーヒーの缶につけたりしてね。太鼓っぽい缶の音になっちゃいますけど。日本の牛の毛というのは黒いか茶色いかどちらかです。その皮は白です。ホルスタインは黒の下は黒、白の下は白なんです。ホルスタインはきめが粗くて太鼓には向かないそうです。抜いた毛は肥料になったり、毛布になったりします。裏すきで出たニベは膠になります。接着剤ですね。また、墨や日本画の顔料の原料になります。さらに皮は、なめしの工程にかけて柔らかくしていくとなめし革になります。このような技術がかなり高度だったために理解できず、当時は差別の背景になっているんじゃないかと思われます。

　ケガレというのはイメージしにくいですよね。子どもに説明するのは難しいです。尊敬と恐怖の両方が入り混じった感覚だと考えるのが近いのではないかと思います。今でも畏敬という言葉にもあるように、畏れであり尊敬でもある。職人に対する感覚というのは、そういう感覚だったと思います。鍛冶屋さんに来てもらわなくては困るし、青屋さんに作ってもらわないと困るわけです。待ち望んでいるんだけど、技術が理解できない。一線画した状態、村外れにそれをおいて、そこまで行くけど村に入ってもらっては困ると。

　ケガレそのものは、はじめは甲乙丙丁のケガレというところから始まっています。肉を食べたらケガレる。それを祓うために物忌みをするとかいったように平安時代の習慣から始まっています。これ自身は半分遊びみたいなやつやったんですけど、鎌倉時代になると貴族の遊びを真似する侍や上層農民が出てくる。京都の貴族の遊びは庶民にとっては憧れみたいなものだったのでしょうね。貴族の遊びがそれぞれの領地でやられるようになっていったのです。京都では肉を食ったときには神社の鳥居をくぐらないらしいということを知れば、自分たちもそうしようということになって、それが村の掟に載ったりするようになるんです。そうやって庶民の中にケガレ的な習慣が始まるんですが、理屈がはっきりしないものですから、とにかくわけのわからんもんはみんなケガレやといった具合になっていったのかもしれません。突然、山火事が起こるとしますよね、地震が起こったりしますよね、そういうのはケガレやと。日食月食はケガレが起こすという資料もあります。自然にあるものを動かすとケガレが発生するという考えもあります。自然にある石を動かしたらケガレやと。ケガレという言葉が非常に幅広く理解されていたんです。わけのわからんものと、自然にあるものを人為的に動かすとケガレになる。だから中世の河原者はケガレになる。井戸をつくる河原者は地面に穴を掘り、川にある石を積んでいきます。血に触れなくても、自然にあるものを動かすとケガレることになります。庭造りもそうです。中世の神的な感覚なのでしょうか。

　そもそも学校教育がない時代でしょう。生活の中で理解しようと思ったら限界があると思うんですよ。不思議なことは当時いっぱいあったと思うんです。それを解釈するための一つの方法としてケガレというものが利用されたと考えたほうがいいかもしれません。現代感覚では理解できないものでしょう。

学校教育の果たす役割

　この本でそれぞれの時代の人権・部落問題に関わるネタを授業の中で出していくことが非常に重要だなと思います。私たち研究者は1980年代にさまざまな地域で聞き取りを行ってきました。そのときに言われてたのが、はっきりと当事者から実態を聞き取れるのは

80年前までだろうということです。つまり1900年頃までの事実しかわからないわけです。部落の生活が厳しくなってた時代のことはわかるんです。「解放令」が出て、その後松方デフレによって貧富の差が拡大し、部落の産業が大企業に持っていかれ、部落の貧困化が進んだ時代。その貧困が始まる以前の状態を知ることが学校教育では必要な部分だと思います。

　貧困は絶対的なものではないです。ずっと昔から貧困が続いてるって聞いたら誰でもがっくりきますよ。実際にはそうではない。相対的なもののはずです。近世までは差別と生産というのは裏腹な関係にあったと思います。近代になって差別と貧困がつながってしまった。それをかつての研究者は貧困によってしか差別を説明できなかったんだと思います。江戸時代からずっと貧困でみじめだったと展開しようとした。それが実際にいろいろと調べてみるとそうではないことがわかってきた。交流面での差別と生産活動とは必ずしも一致しないんです。むしろ地域によっては経済的に豊かであったりしたんです。

　あれだけの技術を持っていたんですから、差別されるのではなく尊敬されていいはずなのに、そうならなかったのは、やはり学校教育がなかったということが大きかったんじゃないでしょうか。学校教育を通して学ぶ、科学的にものを考える力やものを作り出す力というのは、たいへん重要だということです。

おわりに

　この本を作成することになったのは、「部落問題学習を行いたいが、何かいい教材はないか」という問い合わせが寄せられていたからでした。また「部落問題学習をやりたいと思っているが、時間がないし、どのように展開すればいいかがわからない」といった意見を聞くこともありました。そういった声に何とかして応えたい、できればすぐ実践に活かせるような形にしたいということで、指導案を歴史の流れに沿って掲載しました。

　それぞれの指導案は、授業提案・意見交流を重ね検討してきましたが、あくまでプランであり、実際に授業をする際には、目の前の子どもの実態に即したアレンジをする必要があります。できることなら授業者は、借りてきた言葉ではなく、自分の言葉で語り、子どもたちの価値観を揺さぶっていただけたらと思います。

　部落問題学習は、部落問題の歴史や差別の実態を教えるのではなく、その実態から子どもが主体的に学ぶことを大切にしなければなりません。子どもたちの価値観やまわりとの関係性を問うとともに、教職員自らも問われます。自分とまわりとの関係性や自らの差別性に気づき、自分を見つめる実践を創っていきましょう。

　最後に、大阪教育大学教授の中尾健次さんには、冊子監修だけではなく、研修取材等、多大なるご支援・ご協力をいただきました。ありがとうございました。

　そして今回この本を復刻するにあたって、編集担当の尾上年秀さんにはご苦労をおかけしました。ありがとうございました。

　次のネタをすでに用意しています。本書を読み実践されるみなさんに提案できる日を楽しみにしています。

　そして、部落問題学習の授業ネタを創り続けなくてすむ日が早く来ることを信じています。

●監修
中尾健次
1950年生まれ。元大阪教育大学教授。大阪教育大学卒業後、大阪市内の中学校教員、大阪市教育研究所所員、大阪市教育センター所員を経て、1984年より大阪教育大学勤務。著書に、『江戸社会と弾左衛門』（解放出版社 1992）、『弾左衛門―大江戸もう一つの社会』（解放出版社 1994）、『江戸の弾左衛門』（三一書房 1996）、『江戸時代の差別観念』（三一書房 1997）、『江戸の大道芸人』（ちくま文庫 2016）、『部落史50話』（解放出版社 2003）、『映画で学ぶ被差別の歴史』（解放出版社 2006）。共著に、『部落史をどう教えるか 第2版』（解放出版社 1993）、『同和教育への招待』（解放出版社 2000）、『絵本 もうひとつの日本の歴史』（文）（解放出版社 2007）。2012年逝去。

●監修
星野勇悟
1968年生まれ。1991年より大阪府小学校教員。部落問題学習ネタつくろう会代表。人権教育主担者、大東市人研事務局長、北河内人研事務局長、大阪府人権教育研究協議会ブロック委員を務め、部落問題学習をはじめ人権学習実践を続ける。各地での講演活動や教職員の人権学習、人権をテーマにしたツアーを企画・開催している。

●編集
部落問題学習ネタつくろう会（50音順）
天井実千代、榎本恵子、小林祐二郎、須和美由紀、関信昭、中野泰宏、星野勇悟、村島正浩、森崎理香
部落差別のおかしさに気づき、差別を見抜き、しない・許さない・おかしいと言える人になれるよう、子どもも大人も部落問題について学べる授業開発をしている。大阪府の小中学校教職員有志で構成。

部落問題学習の授業ネタ 2──社会科日本史でやってみよう

2018年 3月30日　第1版 第1刷発行
2021年10月20日　第1版 第2刷発行

編　者　部落問題学習ネタつくろう会©
発　行　株式会社 解放出版社
552-0001 大阪市港区波除4-1-37 HRCビル3F
TEL 06-6581-8542　FAX 06-6581-8552
東京事務所
113-0033 文京区本郷1-28-36 鳳明ビル102A
TEL 03-5213-4771　FAX 03-5213-4777
振替 00900-4-75417　ホームページ http://kaihou-s.com
装幀　天野勢津子
印刷・製本　モリモト印刷株式会社

ISBN978-4-7592-2166-4 NDC375 183P 26cm
定価はカバーに表示しております。落丁・乱丁はおとりかえします。

テキストデータの提供について
障害などの理由でテキストデータをご希望の方は、下記のテキストデータ引換券（コピー不可）を同封し、住所、氏名、メールアドレス、電話番号をご記入のうえ、下記までお申し込みください。メールの添付ファイルでテキストデータを送ります。なお、データはテキストのみで、写真などは含まれません。

あて先：552-0001 大阪市港区波除4-1-37 HRCビル3F 解放出版社
『部落問題学習の授業ネタ 2』テキストデータ係